日本人が70年間一度も考えなかったこと

戦争と正義

大澤真幸

THINKING オー 013

左右社

まえがき

『THINKING「O」』の13号では、戦争と正義について、日本の敗戦後70年という歴史を受けて考えている。こうした主題に緊急性があると判断したきっかけは、もちろん、安倍晋三内閣によって、集団的自衛権を認める安全保障関連法が提案されたことにある。この法は、すでに衆参両院で可決され、成立している。しかし、この法の審議している過程で――ただし国会内の議論ではなく国会外の状況を通じて――明らかになった問題は、解消されていない。法は、今後も議論の対象となるだろう。いや、国民的な議論の対象としなくてはならない。法は、民主的な方法によっていつでも改正したり、廃棄したり、あらたに創造したりすることが可能だ。この法をめぐる民主的な闘争は、とうぶん終わらない。

姜尚中さんと私との対談は、法が参議院で審議されている最中、8月14日になされた。終戦の日とされている15日の前日にやりましょう、という姜さんからの提案を受けてのことである。私たちは、対談の後、戦後70年の安倍談話を一緒に聞いた。この対談の中で、私たちは、今なぜ、集団的自衛権が提案されたのか、について論じている。とりたてて戦争の危機が迫っているわけでもないのに、かつての冷戦の緊張の中でさえもだれも集団的自衛権など求めなかったのに、どうして急に、集団的自衛権が必要だと考える者が出てきたのか。集団的自衛権へと（一部の）日本人を駆り立てた状況は、法が成立したことで消えるどころか、逆に定着してしまった。対談の中で、姜さんと私が指摘している問題は、法が成立した後の現在、ますます深刻化している。

私の論文は、参議院で法が可決したすぐ後に書いたものである。安保関連法が国会で審議されている間、日本各地で、とりわけ国会議事堂前で、大規模なデモが連日行われていた。このことをもとに、日本のデモクラシーに活力や新しい要素が宿ったという趣旨のことが語られている。私もそう思う。しかし、同時に、あれほどはっきりとした抗議のデモがありながら、安倍内閣の支持率がさして下がらず、法案が容易に国会を通過してしまったのはなぜなのか、ふしぎに思っている。何か盲点があったのだ。論文のひとつの目的は、その盲点が何であったかを探ることだ。すると、集団的自衛権に反対していた「リベラル」の側にも弱点があったことがはっきりとしてくる。その弱点を克服するにはどうしたらよいのか。そうした考察が、自然と、九条への新たな提案へとつながっていく。

大澤真幸

2015年10月2日

対談

姜尚中＋大澤真幸

姜尚中と大澤真幸が「敗戦の日」に語る

永続敗戦から抜け出す唯一の道

日本はそもそも米軍がいることを前提にものを考えてはいけないのです。リベラル側はここは覚悟を決めて、米軍なしでも九条だということを、納得させないと。

姜尚中（カン・サンジュン）＝1950年熊本県生まれ。政治学者。東京大学名誉教授。著書に『オリエンタリズムの彼方へ』『ナショナリズム』『在日』『悩む力』『母　オモニ』『心』『心の力』『悪の力』など。

歴史の転換点とトリビアルな仮定

大澤　今日は、8月14日です。70年前の今日、日本はポツダム宣言の受諾を連合国側に伝え、その翌日に、玉音放送がありました。そんな中、目下、安保関係の法律が審議されています。今日は、戦争や平和、そして正義といった問題について、この法律だけにこだわらず、少し掘り下げて対談させていただきたいと思います。

まず、戦後70年をめぐる談義、そのタイミングでの安保法案をめぐる議論、これを少し短めな歴史の中で位置づけると、私は、20年前のことを思い出すのです。加藤典洋さんの『敗戦後論』（現在はちくま学芸文庫）は、敗戦と対米従属の事実を隠蔽している日本人の精神のねじれを論じたものでした。『敗戦後論』は1997年の刊行です。加藤さんにとって、敗戦は、主として文学的・思想的な問題でした。ところが今は憲法解釈の問題を含みつつ、政治と、それ以上に行政のベタな具体的な問題になっている。この二つを比べると、これはマルクスのいう、歴史は笑劇として反復するという警句を思い出します。日本人が敗戦について曖昧にし、ごまかしてきたことを、加藤さんは主に文学の側から解明しました。戦後70年経って、安保法制問題の中で、実は同じ主題が回帰しています。それは、憲法の一番重要な部分を変えるに等しいことです。しかし、実際に起きていることはどこかおかしい。滑稽でさえあります。

日本の戦後政治史の大きな転換点にわれわれはいるはずですが、国会で議論されていることが、しばしばきわめてトリビアルなのです。たとえば、国家が存立危機に陥るのは、ミサイルが撃たれる前か、それとも撃たれた後か、といったことが議論されている。これはいざとなったら考えなければならないことですが、法律を執行する際に行政の担当者が判断するようなことです。歴史の転換点となるような憲法上の問題が、とてつもなく些細なことをめぐる仮定で議論されているのです。ミサイルが撃たれる状況になれば、日本人はもちろん笑ってはいられない。しかし、憲法の改正にも等しい基本方針の変更をめぐる議論の中で、最初に考えることなのか。これを外から見ていたなら、日本人は「へんな奴」「ここが変だよ、日本人」と映るでしょう。政権を攻める側も、守る側も、その議論は本質からかなり外れたところで行われているのですから。

姜　しかも、総理大臣が友人の喧嘩のたとえ話で説得しようとしています。

大澤　加藤さんが『敗戦後論』の論文を最初に雑誌に書いたのが1995年、戦後50年のときです。その10年後の「戦後60年」はそれほど話題にならず、ほとんど無視された感じです。しかし、戦後70年は大きな話題になっています。60年と70年の違いはどこから来るのでしょうか。

姜　丸山眞男が言ったように、過去の議論が継承されずに来ています。戦後60年の時は、「9・11」以後のテロとの闘いと、米国の単独行動主義的な攻勢が世界の趨勢を左右し、過去の戦争の記憶の問題は、どちらかと言うと、しぼみがちでした。

しかし、この間、イラク戦争やアフガン戦争による米国の相対的な凋落や中国の台頭、さらに日本国内の「3・11」の衝撃や政権交代後の失望感などが重なり、ナショナル・プライドへの過剰な意識と、新興の大国、中国などに対する対抗意識が強く押し出されて来るようになり、戦後70年をめぐる問題が外交や国際関係を揺るがすことになったのだと思います。

その結果、過去の議論がほとんど顧みられず、旧い議論がまるで新しい考えであるかのような様相を呈することになったのだと思います。

大澤　『敗戦後論』は、加藤さんと高橋哲哉さんとで論争になりました。1956年生まれの高橋さんは、1948年生まれの加藤さんより年下です。あの頃、加藤さんはどこかで「自分より年上からの批判は予期していたが、年下からの批判は予想していなかった」といった趣旨のことを書いています。加藤さんの気持ちとしては自分はリベラルな立場で、左翼のバージョンアップのつもりで書いたのに、右からも左からも責められたという感じだったと思います。加藤さんにとってとくに意外だったのは、後ろから援護射撃してくれるはずの左の人たちが、自分の背中に向けて撃ってきたことではないでしょうか。おそらくそういう気持ちを持ったと思います。

それから20年経って若い白井聡さんが出てきた。白井さんが『永続敗戦論』（太田出版）を書いたのが2013年です。これは『敗戦後論』の政治バージョンのような内容です。加藤さんの本は、憲法や政治のことも論じていますが、中心は、アジアの死者への追悼と日本の軍人への追悼とのどちらを優先させるべきか、という論点で、精神的なことでした。彼は、「敗戦」後と見るべき歴史を「戦」後と中和したところに、日本人の問題があり、それが米国への従属とも関係があったと論ずる。白井さんは、いや、敗戦後にすらなっていないのだ、日本は、まだずっと敗戦中で、「永続敗戦」の状態だと論ずる。加藤さんのは文学的で詩的なところがありましたが、白井さんの議論はもっと乾いていて、政治的であったり法的だったりする議論が中心です。さらに、現在の安保法制をめぐって、政府が展開している議論は、もっと乾いていて、行政的で、さきほど述べたように少し笑い話のようでさえある。さらに付け加えておくと、白井さんは最初の研究がレーニンで左翼中の左翼です。白井さんのときには、さすがに加藤さんのときのような左からのバッシングはなかったですね。

姜　アメリカとの従属関係を打ち切ったほうがよいとは共産党も主張してきましたが、白井さんの言っていることは、それとも近いのでしょうか。

大澤　考えようによってはそうかもしれないですね。

姜　白井さんの一橋大学大学院の指導教官は「永続民主主義革命」を主張した加藤哲郎さ

んですね。タイトルも師匠ゆずりです。

護憲派の弱さ

大澤　対米従属自体は1945年からずっと続いているのですが、ある時期から、日本人がそれに疑問を持ちはじめたのだと思います。「親米右翼」という自家撞着的なものが成り立つのが、日本の戦後の特徴で、そこに日本の「敗戦後」「永続敗戦」の問題が集約されてもいるわけですが、それでも、対米従属に違和感を早くから強く表明し始めたのは、保守系の人というか、右寄りの人で、その代表が江藤淳です。江藤淳が、冷戦後の安全保障体制についても、1998年に「第二の敗戦」として位置づけている。冷戦が終われば、対米従属が終わってしかるべきなのに、それが持続するのは、もう一度敗戦しているに等しい、というのが江藤の考えでしょう。いずれにせよ、白井さんの本にも代表されるように、今では、対米従属は右も左も相当耐え難いものに感じられていることが確かなのです。

姜　ところで、今の集団的自衛権は、国際情勢が緊迫しているから必要だというのですが、緊迫しているとは思えない。

大澤　同感です。問題になっている尖閣諸島は無人島でヤギしか住んでいないのに、領土問題の最大の焦点になっている。ほんとうに緊迫しているのは、日米関係です。いや正確には、日米中の三角関係でしょう。安倍首相が自民党のネットテレビで、「安倍君（日本）と麻生君（アメリカ）が夜道を歩いていたら、不良にからまれた。一緒にいるのだから、一緒に反撃するのは当たり前だ」というたとえ話で、集団的自衛権を説明しました。ここでなぜはっきりと「オバマ君」と言わず、「麻生君」なのか、半分無意識の「言葉の回避」を感じますが、今はおいておきましょう。

これを延長して、僕のたとえ話をすれば、こうなります。「麻生君（アメリカ）はものすごく喧嘩が強いので、いざとなったら自分を助けてくれる。ところがよく考えてみると、麻生君がいくら強いといっても、そもそもどうして麻生君は安倍君（日本）を助けなくてはいけないのかという疑問がある。それどころか、最近麻生君は習君（中国）ともそこそこ仲良くしているではないか。これは安倍君が喧嘩の相手として想定しているヤツだ。こういう状況にあって、安倍君は麻生君に好かれていないとまずいと思う。そのため、安倍君としては、せめて喧嘩のときは一緒にやるよ、と言ってしまわないとまずい」。そんな感じではないでしょうか。

姜　20年前は、こんなに大学の教員や若者が街頭に出ることはなかったでしょう。

大澤　確かに違いますね。「戦後50年」の時は、心の持ちようの問題で、政策にダイレクトに影響する問題ではないという意識がどこかであった。今は政策に直接、影響していることは自明でしょう。中学生くらいの国語力があれば、集団的自衛権が憲法違反だとわかるわけですから（笑）。

姜　ただ、これだけ多くの人が反対の意思を明らかにしていますが、思想的なレベル、問題を見る目が深まっているのかどうか。なぜこうなったのかは、20年前と比べても思想のトレースができていない。

大澤　思想的には一歩も進んでいないか、半歩後退しているくらいなんですね。これは考えなければならないことを、考えていないからでしょう。第一に考えなければならないのは、さきほどから話しているように日米関係です。

護憲派か改憲派かということで言えば、僕の立場は護憲派です。しかし、集団的自衛権をめぐる議論の中では、どちらかというと護憲派のほうが欺瞞の度合いが深い。どういうことかと言えば、集団的自衛権を主張する事実上の改憲派の人たちは、はっきりと、とまでは言いませんが、暗に麻生君と仲良くするためなんだ、と主張している。一方、護憲派は、麻生君との関係をどうするかは不問に付している。そこが護憲派の弱いところです。護憲派は、「麻生君にへつらう必要はないんだ」とはっきりと言い切る自信があれば、形勢はかなり変わってくるのですが、そうなっていない。これはどう考えたらいいのか。憲法九条を守ろうとする人の多くにも、アメリカがいないと九条は維持できないのだから、アメリカの軍事力に頼ろうという気持ちがあるのです。しかしよく考えると、九条の精神と米軍の駐留の現実は矛盾している。

姜　これは沖縄の問題に端的に現れています。高橋哲哉さんは『沖縄の米軍基地』(集英社新書)で「県外移設」論を展開している。あえて火中の栗を拾った。そういう議論が出てきている。

急所をはずしながらのボクシング

大澤　一昨年「沖縄独立論」を主張している松島泰勝さんとお会いした時、「本土から来る運動家はまったく信用していない。なぜなら、口では反対と言うけど、誰一人として、基地を我が県に誘致すると主張してくれた人はいない」と言われていた。これはウェーバー的に言うなら、本土のリベラリストは心情倫理的な満足感だけで終わっているということです。

姜　大阪誘致論を展開している人たちがいましたね。

大澤　一時期、橋下徹さんが大阪に米軍基地をもってきていいと主張していた。一瞬なりとも基地を誘致すると公言したのは彼だけです。

姜　そうでした。

大澤　鳩山政権のときに徳之島案が出ました。徳之島はもちろん基地なんて嫌なわけです。その時僕は沖縄と徳之島は連帯すべきだと主張しました。そうでないとお互い嫌なことを押し付け合う利己主義にしかならない。徳之島がそれほど嫌だということは、別の見方をすれば、その嫌さを全部沖縄に転嫁しているということです。彼らが連帯したときに基地の問題は深いものになるはずだった。

50年のスパンで見れば、状況がどうなっているのかわからない。だから、日本はそもそも米軍がいることを前提にものを考えてはいけないのです。リベラル側はここは覚悟を決めて、米軍なしでも九条だということを、納得させないと、いや、自分自身で納得しないといけない。

姜　沖縄の基地の存続を暗黙のうちに容認、前提とした護憲・平和の問題がどこまで掘り下げられて来たと言えるのかどうか。護憲とは、ある意味で究極の保守主義です。これからは何を保守したいのかが問われていく。多くの人は、この豊かさとか、この平和とかと言うでしょう。ところが実態は、本土の人が保守したい平和や豊かさを享受するために、沖縄の人にはそれらを我慢してもらって、あなた方は捨て石になってもらう、という構図になっている。

僕は在日だったから、一時期はそうしたことは他人事みたいに思っていた。しかし、ある時から自分は本土の人間であって、自分も沖縄にそれを課している人間だなあと考えるようになりました。本土に基地をもってきていいですよ、という人はいない。その現実に対して、高橋さんはあえてその一線を越えないといけないという思いがあったのでしょうね。

大澤　政権側が不安なのは、アメリカにフラれるかもしれないということです。これはほんとうはなさけない理由です。対米従属を積極に認めていくことですから。恥ずかしい理由なので、はっきりとは言えない。麻生君から三行半をつきつけられたら困るじゃないか、嫌われないようにもう少しサーヴィスしなければ、とそこまで踏み込んではっきりは言えない。そこが、政権側の大きな弱点なのですが、九条を守りたいリベラル側も日米関係は不問にしたい。つまり、向こうのウイークポイントは、こちらにとってはもっと大きなウイークポイントになっているのです。双方、日米関係という急所を外しながら、ボクシングをしているようなものです。

姜 政権側は楽ですね。

大澤 はい。リベラルから、アメリカにフラれたっていいじゃないかと言われた時に政権側は困るわけですが、その心配はないのですから。

姜 とくに最大野党の民主党は、アメリカにフラれたくないと思っていますね。その点は自民党と同じです。だから民主党は安倍首相だからダメだとか、立憲主義に反するからダメだ、といった理由になっていく。安全保障のために、自分たちはどうしたらいいのか、日米関係をドラスチックに変えてもそれをする必要があるのではないか、そういうような議論がない。

もし日本に米軍基地がなくなったら

大澤 率直なところ、アメリカが日本にこれほどの軍隊を置かなくなったとしたら、その場合、日本の安全保障が危機的なことになるのでしょうか。

姜 日米関係については、ゼロベースで10年後を見直してもいいと考えます。ただし、そのためにはビジョンが必要です。このあいだ北海道に行ったのですが、中国の人に商品をたくさん買ってもらって助かっている、でも、中国人は北海道の土地を狙っているという。こうした感覚が広がっている。

大澤 客観的に見れば、日本の経済は中国とかなりの部分でつながっているのは事実でしょう。

姜 ところが内心は怖いので、アメリカには居てほしい。ただし、安保法制はキナ臭いと感じて、女性誌でも安保法制の特集が組まれるようになっている。20年前は考えられなかった。やはり平和を守りたいのです。ただ、一度日米関係をご破算にするくらいの気持ちでやるの？ と問われると、そこで一瞬思考停止になる。

大澤 九条を守ることで、何を獲得したいかを、一度はっきりとしておく必要がありますね。とりあえずは平和です。ただ、その平和は、だれの平和なのか。自分たちだけの平和なのか。沖縄を含めた平和なのか。もっと広い国際秩序の中ではどうなのか。そういう全体を一度考えなければならない。

さらに言えば、なぜ平和であることがいいのか。なぜ戦争しないことがいいのか。どんなに悪いヤツがいても戦争してはいけないのか。そういうことを突き詰めて考えていくと、九条の理念は、世界中が平和になることを含めて、規範的な平和、簡単に言えばカントの「永遠平和」を遠く視野に収めていることがわかります。それがあるがゆえに、九条には守るに価する何かがある、と私は考えます。ところがそういうことを主張すると、それは理想であって、当面はアメリカを頼りにするしかない、という話になる。

姜　理想の部分と、当面はアメリカ頼りの部分とは、矛盾していますね。

大澤　ええ。「永遠平和」のために、世界一強い軍隊が睨みを利かせている、ではおかしいですから。かつては、右のほうはナショナルな利己主義で、左のほうは普遍主義だった。いまは逆転して、左は一国平和主義に、右は国際貢献を主張するようになっている。左はどうにかしないと、スケールの小さい、ケチなことを言っている人になってしまう。

姜　積極的平和主義という言葉に見られるように、日本人を守るためには、血を流す、犠牲が必要だという。反対する側は、平和主義を守るだけにとどまらず、日米関係について抜本的に再考し、沖縄に基地がなくても、それでもいいと考えるのか、そのために日米安保に頼らなくてもいい平和と安全保障の選択肢があると考えるのか、それとも別の選択肢があるのか。こうしたことを様々な可能性を含めて議論すべきです。

ポストモダン思想の罪

姜　ポストモダン的な考えが一世を風靡した時に言われていた、啓蒙的なプロジェクトとしての憲法は、力をなくしたのでしょうか。

大澤　一番深いところまで考えてゆくと、気が付かないうちに、ポストモダン的な思想が憲法に不利に働いた。ポストモダンを歓迎する人は、どちらかというと左なので、日本国憲法に悪いことを言ったつもりはなかったのですが、結果的にそうなったのです。これは日本人がほとんど考えてこなかった問題ですが、正義の問題と、戦争や平和との関係です。これをどう考えるか、です。

ポストモダンは正義相対主義なんですね。はっきり言えば、普遍的正義なんてものはないと考える。国際政治のなかで共通に受け入れられているコンセプトでさえも、たとえば人権も、ポストモダニストにかかれば、これは白人の成人男子を規準として本質化している云々、とすぐに脱構築されることになる。戦争と平和の問題も、勝手な正義を言っている奴がいけないんだ、ということになる。自分たちが「正義」と見ているだけのことを普遍化しているのがいけないのだ、と。実際、そういうところがあります。アメリカの正義で、戦争が起こされてきた。宗教戦争も、正義を押し付け合っている、と見ることができる。

そうした（普遍的）正義への嫌悪をもとにした平和主義を、長尾龍一さんは「諦観的平和主義」という言葉を使っている。要は、「正義」をかかげるのはいけない、仮にどこかで戦争をしていたら、諦めて見ているしかない、というわけです。どちらが標榜する「正義」だって、それぞれの勝手な趣味のようなもので、どちらに普遍的な妥当性があるというわけではないからです。喧嘩が終わるのを待て、というわけです。

かつては、護憲派は、九条を通して大きな正義に貢献している気持ちになっていた。しかしいまは、「正義なんてないじゃん」というムードが支配的です。そうなると、喧嘩に巻き込まれたくない、という理由だけで、憲法九条を守っていることになる。崇高だった理念が気が付くと消えて、何かすごくちまちまとした利己主義に転ずるのです。

姜　憲法が言い逃れのための道具になっているところがありますね。マントラ、呪文のように、それを唱えれば、いいことをした気持ちになっている。僕は社民党の人と人脈が深いのですが、なぜ社民党がこれほど失墜したのか。それは端的に言えば、国民が護憲の自己欺瞞に付いていけなくなったからです。日本国憲法が崇高な理念とつながっているという実感が薄れて、むしろ、現状維持のための、柔らかい枕みたいになってしまっている。若者の気持ちがそうなっている気がする。これは90年代以降のことですか？

大澤　おそらく加藤さんの本が出た頃が、日本の精神の転換点だったのでしょう。

姜　オウム真理教事件が１９９５年、戦後50年のときですね。

大澤　オウム真理教というのは、ある意味で、究極のアイロニカルな相対主義の感性をもともと持った人たちが、相対主義に対するアンチテーゼとして特異な信仰に走ったところがあった。私は、オウム事件のときに、『虚構の時代の果て』（現在ちくま学芸文庫）を書きました。虚構の時代は、70年代前半から始まった時代ですが、言ってみれば相対主義の時代です。それがリミットに来たとき、虚構の時代の相対主義そのものを絶対化するようなかたちでオウム真理教が出てきたのです。「なんちゃって」がそのまま本物になるようなものです。相対化の流れに耐えられない状態が、95年くらいから出てきた。

それが政治の問題になってくると、気が付くと、空虚な左の主張と、リアリズムにのっとっているとはされてはいるけれども、国益以上の目的を持たない――つまりカント風に言えば結局は理性の私的使用の域を超えない――右の主張と、この二つしか残っていない。真ん中に大きな思想的な空間が残ってしまっている。

日米関係はマンネリ化した夫婦

姜　90年代の半ばは日本人の意識の面でも大きな転換点でしたね。

大澤　NHK放送文化研究所による「日本人の意識」という調査があり、その中に「日本に対する自信」を調べる質問があります。「日本は一流国だと思うか」とか「日本人はすぐれた素質をもっていると思うか」ということに肯定的に回答する者の比率が80年代前半まで上昇していっていますが、それを境に急落していきます。ところが、2003年を底に、つまり20世紀と21世紀の境目あたりを底に、そこからまた急上昇し、現在も自信を持っていると答える人が多い。

考えるべき一番の問題は、21世紀になって日本人はなぜ自分の国に自信を持つようになったか、です。自信を持っていいようなことは、客観的には起きていない。経済的にも政治的にも不調なのですから。これは簡単に言えば、空威張りです。人間は、自信がある人の方が謙虚です。自信があると答える人がほんとうに自信があるとは限らない。過度に「自信がある」と言う人の方が、むしろ、ほんとうは自信がない場合が多い。

姜　偉い人はたいてい謙虚ですよ（笑）。

大澤　同感です。立派な人ほど謙虚ですね。こいつはどうなの、という人ほど、空威張りする。「日本に対する自信」が80年代まで上昇していくのは、日本が経済的にうまくいっていたからです。ただし、バブルの時期になると、日本に対する自信が下がっていく。これは景気がよさそうにみえるけど、どこか虚しいという自覚があるからでしょう。

姜　憲法も一つのフィクションだから、近代的左翼は、フィクションである憲法をうまくコントロールして、憲法をフィティッシュなものとせずそれをフィクションとして生かして、永続革命としての民主化をやっていくんだということを、丸山眞男さんは言いたかった。実際に憲法があるおかげで、戦争に巻き込まれないですんできたし、豊かさも享受できてきた。今の護憲は、最終的には憲法もフィクションではないか、というような目で見る視点はあまりないのでしょうか。

大澤　今は、護憲がフィクションであることを、みんな知っているといえば知っているのではないでしょうか。さきほどのたとえを延長すれば、ほんとうは今では、安倍君（日本人）も、麻生君（アメリカ）を心底から愛している、という状況ではないんですよね。内面の問題としていえば、アメリカが、自分たちにとって圧倒的に重要な存在というわけではない。今でも、日本人は世界でもトップクラスに親米的だとは思いますが、かつてよりアメリカの魅力が高まっているというわけではないのです。

姜　アメリカにかつてほどの魅力があるわけでない。

大澤　にもかかわらず、国際政治のリアリズムや安全保障という点で、つまりベタな生存のために、アメリカが必要だ、アメリカに依存するしかない、という状況は変わらない。少なくとも、日本人はそう考えています。だからこそ、いま憲法や安全保障が問題になっている。護憲がフィクションだというのは、こういうことだと思うんです。たとえて言えば、次のような状況です。

かつて激しい恋愛で結婚した夫婦がいるとします。少なくとも、奥さんは、夫のことが大好きだった。夫の方も、お前のことを大事に思っているよ、と言ってくれるくらいの好意があった。というわけで、二人は恋愛結婚した。しかし、今や、お互いの間に強い恋愛感情はない。まず、夫の方は、かなり気持ちが離れ、最近では、妻以外の女に興味を持っているふうである。では、妻の方は、まだ夫に惚れ込んでいて、熱々の感情が残っているかというと、実は、妻の方も、もうかつての情熱がないのです。ならば、離婚すればよいではないか、という状況です。でも、妻が結婚と同時に仕事を辞めてしまったりしていたとき、経済的な問題があって、離婚されたら困る、という時があるじゃないですか。だから、互いの気持ちは離れているのに、奥さんとしては、夫から離婚の話なんかを切り出されると困る。そこで、奥さんは、夫の気持ちをつなぎとめようと、たとえば、夕食をレベルアップしたり、夫への誕生日プレゼントをよいものにしたり、というようなことになる。集団的自衛権は、このレベルアップした夕食です。

冷戦の時代には、日本は、自分がアメリカに熱烈に必要とされている、ということを実感していました。しかし、冷戦が終わり、ましてアメリカが中国とある程度友好な関係を築こうとするとなると、日本人は、アメリカに愛されているとは感じられなくなる。ならば、もともと沖縄基地問題もあるのだから、アメリカさんに出て行ってもらっても結構です、という態度をとれるとよいのですが、それができない。日本人がアメリカを心底から愛していて、アメリカの理念こそが正義だと思っているなら、アメリカを利用すること、アメリカに依存することも倫理的にはまだ許せるわけですが、ほんとうは、アメリカにも問題が大有りだと思っているくせに、利用し、依存するというのは、倫理的には許しがたいですよ。

姜

「新しい歴史教科書をつくる会」の理事だった坂本多加雄さんという政治思想史学者がいた。丸山さん門下の松本三之介さんのお弟子さんでした。彼と小森陽一さんと僕とで議論をしたことがあるんです。僕は「ヒロシマの原爆投下は、人道に対する罪ですか」と坂本さんに聞いたことがある。「これはジェノサイドではないのか？」と。坂本さんは「そうとも言えます」と答えた。「しかし、そういう甚大な被害を受けて、日米関係がここまでよくなったことの逆説に、歴史的な意味がある」と続けた。これは大変屈折した考えです。日米関係をほんとうに考えるならば、ヒロシマ・ナガサキをどう考えるべきかはかなり重要なことです。

少し前に、こんなことがありました。オバマ大統領を広島に招聘しようとした際、「オバマ大統領に来ていただく」という言い方をした。その言い方に「本来ならばアメリカはギルティ（罪）を負った存在ではないか」と批判が出た。たしかに、右の方は、この問題を出せない。一方で、護憲派もこれを人道の罪としてアメリカを責めることはない。

親父（アメリカ）がいたから気が緩んだ

大澤　アメリカとの問題の矛盾は、原子力のところではっきりと出てきます。これが3・11の原発事故の問題にもつながっていくわけです。アメリカに戦争で負けて、終わってからは喧嘩をした相手に恋をしている状態になっている。

まだ恋愛とかに慣れていない、思春期の初期の頃、こんなことを経験することがありますね。たとえば、クラスのある女の子が好きになってしまうと、その子の行動を希望的に自分に都合のいいように理解してしまう。たとえば、その子がいつもと違う服を着てきたりすると、僕の目を意識してお洒落してきたんじゃないかとか。実際は、そんなことはまったくなかったりする。アメリカに対しても、日本人は、アメリカも自分たちのことを意識してくれていると、過度に思っている節がある。でも、アメリカからしてみれば、日本人が考えているほど日本を意識しているわけではない。

とにかく、本筋に話を戻すと、日本は敗戦後、自分を非人道的なやり方で痛み付けた敵に、たちまち恋をしたようなものです。このことが最も先鋭に現れるのは、原子力です。原爆でひどい目にあったのに、原子力に恋をしている。森一久さんという原子力村のドンと呼ばれた人の評伝が最近出ました。藤原章生『湯川博士、原爆投下を知っていたのですか』（新潮社）です。森さんは、ジャーナリストから、日本原子力産業会議の幹部になった方です。2010年、3・11の原発事故の一年前に亡くなっている。興味深いのは、森さんが広島の被爆者だったことです。それなのに、原子力のために、原子力の平和利用のために一生を使った。ある意味で、3・11の事故を知らずに亡くなったことは、森さんにとって少し救いだった。

この森さんが、晩年、ある妄想に取り憑かれるのです。藤原さんの本にははっきり妄想とは書かれていませんが、僕からみると、ほとんど妄想に近い、ありえないことについて、もしかしたら事実だったのではないか、という思いに、森さんは苦しむ。森さんは、湯川秀樹が、広島に原爆が落とされるのを知っていながら、それを自分に教えてくれなかったのではないかと疑惑を抱くようになるんですね。森さんは、戦時中、京大で、湯川さんの下で勉強している学生だったのです。そこで、とっくに湯川さんは亡くなっていたわけですが、森さんは、晩年、ほんとうのところはどうだったのか、執念深く調べようとするのです。藤原さんも、その調査に協力します。結局、ほんとうのことは分からないまま、森さんは亡くなった。

しかし、まあ、冷静になれば、湯川さんがそのことを知るはずがない。いくら世界的な学者だからといって、敵国の軍事秘密が、京都大学の若手の先生のところに届くはずがありません。万が一、湯川秀樹がそのことを知っていたとしたら、彼は戦後普通には生きられないと思いますね。原爆が落とされるのを知っていながら自分が黙っていたとしたら、原爆投下前にも、また投下後にも、かなりの苦悩や罪の意識があったはずです。いずれにせよ、冷静に考えて、湯川秀樹がそんなことを知っていたはずがない。仮に、マンハッタン計画に関わっていた、湯川さんの友人の物理学者が原爆の広島への投下を知っていたとしても、戦時中、敵国の友人にどうやってそれを伝えられたか、と考えてみるとよい。だから、湯川秀樹がそんなことを知っていたはずがない。だが、森さんは、そういう妄想に取り憑かれた。問題は、森さんほどの体験のある人が、どうして、そんな子どもじみた妄想を持ってしまったかです。私の考えでは、そこには、精神分析学的に解釈されてしかるべき、ある心のメカニズムが働いている。

京大生だった森さんは、あの日たまたま広島の実家に戻っていた。原爆で家族を失うわけですが、自分だけは奇跡的に生き延びた。湯川さんのもとで理論物理学を学んだ森さんは、戦後「中央公論」の記者として日本で最も早くから原子力について取材し、その後「日本原子力産業会議」に入り、原子力の平和利用、原子力発電の普及のために生きた。森さんは湯川秀樹に勧められて、こういう道を選んだと思っている。卒業後、研究者になろうか、就職しようかと迷ったとき、湯川さんの勧めで、ジャーナリストになり、原子力平和利用に協力した、と。森さんは、自分が湯川秀樹に特別目をかけられているという思いがあり、森さんからみると、湯川秀樹は神様に等しい。神のひと声、神の呼びかけで、自分は研究者にならずに、科学ジャーナリストになり、原子力の平和利用のために活動した、というわけです。森さんは誠実な人で、たとえば損害賠償の仕組みなどをしっかりと作ろうと奔走した。ところが、官僚や政治家から、原子力発電所は事故が起こらないという想定になっているので、損害賠償の仕組みは作れません、と言われ、挫折したりする。結局、自分が考えていた原子力の理想的な利用は出来なかったという挫折感を晩年の森さんは持ったのではないでしょうか。これは私の推測です。

被爆者である自分はあえて原子力を愛し、これを平和に利用することで、敗北感や屈辱感を乗り越えようとした。自分は迷いもあったけど、神である湯川先生のひと声で、この道を決めた。湯川先生の勧めで、原子力の平和利用に尽力した。ところが、何十年間もやったのに、自分は思ったようなことは出来なかった。その時に晩年こう思ったのではないでしょうか。神のひと声で、この活動を選んだのに、自分の人生は失敗だったのではないか、と。彼が被爆者でなかったならば、挫折感はたいしたことはなかったはずですが、被爆者だったことを思うと、半端でなく深い挫折感や後悔の気持ちをもったはずです。何しろ、彼のやったことは、結果的には、最も恨むべき敵（原子力）を利する行為だったことになるわけですから。この深い悔恨から、一種の責任転嫁の気持ちが生じたとしても、それは誰も責められないでしょう。誰に責任転嫁したか、と言えば、神である湯川秀樹に、です。神（湯川秀樹）は、まさに神なのだから、こういう結果になることを、はじめからわかっていたのではないか、と。にもかかわらず、自分をその過酷な道に送ったのではないか、と。もちろん、他方では、森さんの合理的な思考は、こんなふうに湯川を責めることができないことを知っている。湯川さんだってほんとうの神ではないのだから、そんなことわかっていたはずがないし、そもそも、森さんが、原子力関係の仕事をしたことだって、湯川さんに強制されたわけではなく、究極的には自分自身で選択したことです。しかし、後悔の気持ちは深く、誰かに責任を負ってもらわなくては堪え難くもある。こういうとき、精神分析でよくいうところの、無意識の置き換えの作業が起きるわけです。神はあらかじめXを知っていたのではないか、という疑念のXの部分が、「森さん自身の人生の帰趨」から、ことの発端にあった出来事「広島への原爆の投下」に置き換わる。それが、あの妄想です。

姜　つまり、森さんの人生は、原子力の被害者が、原子力をあえて愛し、うまく活用することで、敗北の屈辱を乗り越えようとしながら、結局挫折したという筋になる。その挫折感の深さが、妄想的な思い込みの中に現れている。ここで、私が言いたいことは、森さんの人生はなにも特別なことではない、ということです。日本人は、憎んでしかるべき敵をあっさり、一瞬にして愛してしまったのですから。そう簡単に愛してはいけない相手を愛してしまったことの過酷な結果を、森さんの人生は示している、と思うのです。

大澤　ヒロシマ・ナガサキと3・11は、日米関係の本質的な部分を露呈している。護憲であれ改憲であれ、日米関係は深淵を覗き込めない。

深淵を覗くと、自分が見たくないものを見てしまう、そのことを予感しているからでしょう。先日、東北大学で開かれた科学教育についての研究会で、工学系の先生から、新幹線を世界で一番安全に制御している日本人が、どうして、原発ではうまくいかなかったかという問いを出されました。3・11の原発事故の直接の原因は、とてもプリミティブなミスでした。予備のバッテリーを、もう少し高所に置いておけばよかっただけです。ただの不注意で、工学技術的な困難は、どこにもない。科学技術の専門家は、ここで、あの事故は防げたはずだし、今後はだいじょうぶ、と考える。科学技術的に乗り越え不可能な困難が原因でないのですから。

しかし、社会学者は逆に考えます。科学技術的な問題が原因なら、それこそ科学技術的に解決できます。しかし、科学技術的にはさして難しくないのに、こういう結果を生んだ、しかも新幹線を見事に管理している同じ国民がこういう結果を生んだ、とすると、原因は、技術とは異なるところにあるのです。技術の進歩とは無関係などこかに、です。それは何か。僕はこういうことではないかと思っています。原発に専門的にかかわっている日本人は、電力会社や通産省・経産省の官僚や政治家は、原発に関しては、ぎりぎりのところでアメリカが助けてくれるとどこかで当てにしていたのではないか。日本にはアメリカ軍が駐留していますから。日本で深刻な原発事故があったら、アメリカ軍が動くはずです。

姜 実際、トモダチ作戦として日本を救いに来ました。

大澤 はい。ほんとうに深刻な原発事故が起これば、つまり、いざとなったら親父が助けてくれると考えていた。すると気が緩むじゃないですか。逆に、お前はこれから家族からの援助は一切なくなる、となったら必死で稼ぎ、生きようとするでしょう。新幹線の事故は、いくら大きな事故になっても米軍は助けに来ないでしょう。そういう種類の事故でない。つまり親父は助けにこない。だから、自分たちで必死にやる。しかし、原発は違う。そうすると、原発の建設や運営ではぎりぎりのところで無意識の気の緩みが出るのです。だから、十分に熟慮せずに、予備バッテリーはこの辺でいいんじゃないかと決めた人がまずいて、その不用心なところにあることを、何十年も誰も気づかず、気にならなかった。そこには無意識の米軍依存があったのではないでしょうか。あるいは、あの時「想定外」ということが言われましたが、どこまで想定するか、というところに、もう無意識の力が働いているのです。

われわれに国体があるとすれば九条以外にない

姜　大澤さんから見て、もし戦後の国体があるとすると、これは一国単位では完結しなくなっていると考えていいですか。

大澤　敗戦で国体が護持されたことになっているので、どこかに残っているはずなんだけど、見回してもどこにもない。「国体」と言えば、今では「国民体育大会」の略語です。歴史的な継続性ということで言えば、国体はしいて言えば、象徴天皇制だと思うのです。しかし、象徴天皇制が戦前の国体に匹敵する精神的・政治的な重い価値をもっているとは思えません。もし戦後の国体として、それらしいものがあるとすれば、これは憲法九条をおいてほかにない。ところが憲法九条は、それが素晴らしいとすれば、おっしゃる通り、日本の中で閉じないから素晴らしいのです。憲法九条は、外交上の基本方針を書いているものです。

憲法学者の木村草太さんと『憲法の条件』（NHK出版新書）という本を出しましたが、憲法は政府を縛るものであると同時に、他にいろんな機能があると木村さんは言う。一つは国民にとっての物語、アイデンティティの問題です。もう一つは、それを通じて、われわれはこういう者だという外交的なマニフェストです。マニフェストとしての憲法の一番のセールスポイントが憲法九条です。われわれはこういう方針でやるんだと、どういう国際秩序を目指しているのだ、ということを示すマニフェストです。九条にもし価値があるとすれば、諦観的平和主義だからではなくて、それが、日本人が目指している普遍的な正義の原理を示しているからではないでしょうか。もちろん、憲法九条にそのような価値を込め、命を吹き込むためには、アメリカとの軍事同盟とか自衛隊とかの問題をうまく処理しなくてはならない。ともあれ、繰り返しますが、われわれに国体があるとすれば憲法九条です。逆に、もし九条がなくなったとしたら、日本人には一体何が残るのか。

姜　自民党の憲法草案を見ても、戦前の国体らしき家族のことが出てきたりしている。女性はできるだけ家にいたほうがいい、とか。「女性活用」と言っているのに。ドイツではハーバーマスが憲法パトリオティズムを一時期、肯定的に主張しました。日本における憲法愛国主義者がどのくらい定着したのかわからないけれど、最後の拠り所は憲法にしかない。あとは天皇がいるということです。若い人には、天皇がいるということは支えになっているのでしょうか。

大澤 昔は左は天皇制打破の立場だったのですが、今はそういう主張はほとんどありませんね。でも、若い人がものすごく天皇制に執着しているわけでもない気がします。執着する理由がないですから。しいて言えば、日本で最も明白にリベラルなのは天皇陛下です。

姜 そうですね。

大澤 天皇陛下の行動から判断すると、集団的自衛権に反対であるように見受けられます。

姜 大澤さんから見ると、日本のアイデンティティは憲法抜きにはありえないと考えますか？

大澤 この場合、とくに「敗戦」との関係が重要だと思います。戦後生まれの僕らが直接戦って負けたわけではないのですが、言わば、敗戦の空気の中で生きている。これは白井さんたちが言っていることですが、敗戦の状態にあるのに、それが空気のような、自明の前提になっているので、その存在に気が付いていない。僕は、この状態は乗り越えないといけないと考えます。そのためには、現在の憲法を利用するしかない、憲法九条を利用するしかないと考えています。

普通は逆に考えられています。つまり、現日本国憲法こそが、敗戦の結果であり、対米従属の典型的な姿だとして、だからこそ憲法改正をしなくてはならない、自主憲法が必要だという。しかし、改憲しても対米従属は変わらないと思います。その証拠に、改憲派に限って親米的な傾向が強いのです。現在だって、集団的自衛権を唱え、事実上の改憲を主張している人は、集団的自衛権をアメリカへの贈り物にしようとしている。ではどうすればよいか。「敗戦」を乗り越えるのは、もらってしまった憲法を、与えた勝者の意図を超えて我が物にすることです。

実際に、今日までそういう方向で来てはいるのです。最初、アメリカは、日本の軍国主義を骨抜きにするために憲法九条を作ったのかもしれない。ところが、国際情勢も大きく変わって、アメリカは日本にそこまでムリして九条を遵守しなくていいよ、とほんとうは思っている。多少は軍隊をもってもらって、NATOのように少しは一緒にやってほしいと思っているのに、日本人は「憲法九条があるので」とアメリカの期待に応えない。アメリカとしては自分が与えたものなので、強く文句も言えない。日本人が、アメリカの要求を超えて九条を守ろうとしてきたことは事実です。それならば、この線をもっと徹底されたらどうか。

80年代、90年代初頭くらいまで、ポストモダン思想——というかポスト構造主義の思想——が日本の思想界を席巻した（日本だけではありませんが）。それはパタンと終わった。90年代の半ば以降の思想の大きな問題は「敗戦後問題」になった。東浩紀君が『存在論的、郵便的　ジャック・デリダについて』（新潮社）を出したのが98年です。これが当時の若手研究者の最終到達点でしたが、その時彼はデリダの読解を通して、「郵便的誤配」ということを言っている。郵便には誤配が付きもので、それは普通は困ったことですが、デリダ——東は、むしろ、そこにポジティヴな可能性を見出しました。僕は、憲法を郵便的に誤配させるのがいいと思うんです。つまり、アメリカは憲法を日本に郵送したのです。日本はこれをアメリカの意図を超えて使ってしまうのです。つまり憲法を誤配させることによって、われわれはこの敗戦状況を乗り越えられるのではないか。憲法をなんらかの形で活用することだけが、戦後から、いや永続敗戦から抜け出す唯一の道ではないか。九条を否定するようなかたちで改憲すると、ますますアメリカに従属していくでしょう。もし改憲するなら、逆に、解釈改憲などという余地がないように、より徹底して九条を九条化するような改憲がよいと考えます。

国際秩序の基本をあえて無視する

姜　護憲派は敗戦的状況から脱却するために、アメリカの意図を超えて、憲法をもっと徹底させるべきですね。

大澤　ただ、憲法を徹底させるには、いろいろなことをクリアしなければならない。特に米軍駐留のことを不問にしたまま自分たちだけが平和ならいいというのは、すごくセルフィッシュに見える。

率直に言えば、世界中が憲法九条を持っていれば戦争にはならないのです。しかし世界中が一度に九条を持つわけにはいかない。しかし「お前がやるなら俺もやる」ということを皆が言っていたのでは、歴史は動かない。憲法九条を維持し、純化するということは、カント的永遠世界を目指しているわけです。「われわれはそういう世界がありうることを前提に行動します」ということを率先して出していく。誰かが一歩踏み出さないといけないわけですから。これは国際社会の秩序の基本中の基本を無視することです。世界は主権国家によって構成されているわけですから。

主権国家の問題はこういうことです。主権国家の内部では、単一の力で統制されていることが前提となっている。しかし主権国家間は、統合されているわけではない。言い換えれば、主権国家の間でいつ喧嘩になるともわからない。つまり主権国家の間には、潜在的な敵意があることが前提になっている。だから主権国家は軍隊を持つわけです。

ところがカント的永遠平和の世界は、潜在的な敵意がなくなることが前提です。だから、憲法九条を行動に移せば、おそらく世界から立派だとは言われなくて、荒唐無稽だと批判されたり、嘲笑されたりするかもしれない。しかし、それを勲章だと思うぐらいでないといけないでしょう。つまり、われわれが前提にしている秩序を一歩出て、根本的に新しい別の秩序を目指すためには、顰蹙を買わないといけないのです。顰蹙を買わないで穏健にすまそうとすると、結局は、従来の秩序の中で打算的に対応するだけになる。顰蹙を買うことを恐れずに、主権国家体制の外に第一歩を踏み出さなければならない。

思うに、100年後に人類が生き残っているとしたら、かなりのところで主権国家の間の敵対関係が乗り越えられていなければならないはずです。あとになって、今から振り返ると、最初の一歩を踏み出したのは、21世紀の日本だったな、と言われるようなことを憲法九条を通じて実現しなければならない。

姜　僕は若い頃、憲法の関心がなかった。国籍が違うことがあって、憲法への関心が低かったのですが、家族を持ち、年をとるにつれ、やはり自分はここの土地の人間なんだなと思うようになってきました。今これほどまでに憲法が邪険にされているなかで、憲法は活かさなければならないという考えに変わった。欺瞞に気付かない形で憲法に価値を求めるのではなくて、欺瞞を生き抜くことですね。繰り返しますが、そのために日米関係をどうしたらかいいか、一度思考実験をしたほうがいい。

沖縄はアメリカのガソリンスタンド?

大澤　米軍は沖縄をはじめ日本列島にかなり基地を持っている。アメリカにとっての一番の利益は何になるのでしょうか。

姜　18年前のガイドラインと、今回2015年4月の新ガイドライン(日米防衛協力のための指針)の違いは、今回は、中国と何か問題が起きた場合、日本がまず自力で戦いなさいということです。米軍はその援助をしますが、主力の戦いは日本ですよ、と。今回一番変わっているのは地理概念です。沖縄は、米軍がグローバルに展開するためのコーナーストーンになっている。本来はグアムで全部できることかもしれない。沖縄には海兵隊が駐屯していますが、韓国には海兵隊はあまりいない。ということは、佐世保から軍艦が来て、沖縄の海兵隊を乗せて出撃してゆくのです。だったら最初から佐世保に海兵隊を置いておけばよいと思うのですが。米軍にとっては、これほどまでに安定した先進国で、しかも、ラクジュアリな環境を沖縄は基地に提供してくれている。その魅力は変えがたいのでしょうね。

大澤　近年「事態」という言葉がよく言われます。あれは英語でなんと言うのか。affairではないですか。

姜　あれは地理概念をなくすために使われている言葉ですね。だから、NATOの基地に比べても、米軍優遇措置があって、しかも安定して基地を使える場所はない。数年前に韓国のピョンテク基地を取材したことがあります。海兵隊がいないので、沖縄のような刺々しい感じはありませんでした。沖縄は海兵隊の飲み屋の前を通ると荒れている感じがする。韓国に行ったら「みんなジェントルマンですよ」という。海兵隊をここまで収容してくれる場所は、沖縄しかないとアメリカは思っている。

大澤　数年前に、あるシンポジウムで沖縄独立論を掲げている松島泰勝さんや日米外交に詳しい五十嵐武士さんにお会いしました。その時は私が司会をしました。沖縄に基地を置くような日米安保体制は、最初は冷戦を背景としていた。冷戦のときは東側陣営と西側陣営が対立していて、西側陣営の親分であるアメリカが戦線に近い日本にも軍隊を置くという状況でした。日本は西側陣営の一員であり、言わばその軍事同盟の一部として沖縄をはじめ国土の一部を基地として提供したわけです。対米従属の状況が続いているのに日本人がさほど気にならなかったのは、冷戦の中で、日本に、価値あるポジションが日本に割り振られていたからです。日本も、西側陣営のイデオロギーにコミットしていて、西側世界を守るために米軍に基地を提供していた。そのことが、同時に、日本の安全を保障するものでもあったわけです。

ところが、冷戦が終わると米軍が沖縄にいる意味が次第に薄れてくる。日本人からしてみると、なんで俺たちが基地を提供しなければならないんだ、という思いが出ると同時に、それ以上に、アメリカはいつまでも俺たちを必要とするのだろうか、という不安感が出てくる。そうした話を僕はしました。すると、五十嵐さんが強く反論されて、アメリカが目指す国際秩序の中でいかに沖縄の基地が重要な戦略的価値を持つかを、説くわけです。その時の主な理由は、米軍がアジアに進出してくる中で、沖縄が給油基地として非常に価値が高いということでした。「大澤さんのような素人があれこれ言ってもらっては困る」と言われました（笑）。僕は、開き直って「専門家が言うことを無批判に受け入れたから原発事故も起きたんじゃありませんか。結局、原発は危険だという素人の直観の方が正しかったではありませんか」なんて言ってみたんだけど。

それはいいとして、沖縄には一方で独立したいという人まで存在する。僕も、スコットランドでさえ独立しようとしているのだから、沖縄も独立の表明をしてなんらおかしくないと考えます。スコットランドに比べたら沖縄の方が独立の利益も正統性もある。沖縄は明らかに差別的な扱いを受けているわけですから。一方で、沖縄独立論が出るということは、いわゆる本土の日本人として恥ずべきことだと思っています。それは、自分の国の一部の人に「独立したい」とまで思わせることを、本土の日本人がしている、ということですから。

そうした中、本土の人の中には「沖縄は米軍の給油基地として必要です」と説く人がいる。はっきり言えば「沖縄はアメリカのガソリンスタンドになってくれ」と言っているのです。日本が是が非でも守り、実現したい価値や正義のために、沖縄の基地が必要だということであれば、沖縄に犠牲を強いることについて、何とか沖縄を説得できますよ。ところが、「ガソリンスタンドになってくれ」と言う。独立をしたいとまで思い詰めている人たちに、そんな失礼なことは言えないと僕は思った。僕らが命がけで守りたい価値があって、そのために沖縄に基地が必要ならばまだしも、隣りに住む兄ちゃんがドライブするときにガソリンスタンドが必要だと言うことは、やはりそれは沖縄に対して無神経だと思います。

いずれにしても、米軍は沖縄に基地があることで、戦略上有利だと考えていることは確かです。ただ、その戦略が、われわれ日本人にとっても死活的に重要だと言えるのかどうか。さらに、米軍が沖縄に基地をおくことが好都合だという状況は、どれくらい持続するのかを考えると、状況依存的なことだと言わざるを得ない。憲法との関係を考えると、憲法はわれわれがどう生きるかというアイデンティティの問題です。状況によってさまざまに変わる米軍との関係のために作られるものではないと思います。

姜　五十嵐さんはその時、いわゆるリアリストの立場で議論されていたんですね。

大澤　五十嵐さんは日米関係を研究されているので、日米関係が重要だと思われています。それが危うくなっている、と言われると彼としてはカチンとくるのです。日米関係は戦後を理解するための軸であると強く思われていた。でも、そうした姿勢は沖縄の深刻な気持ちに答えてないと僕は思います。

アメリカは中国と戦いたくない

姜　大澤さんのおっしゃる通りで、平和のリアリズムを掲げる人たちは、沖縄に犠牲になってもらうことが大事だと考えている。でも、その考えで、深刻な気持ちを抱えた沖縄の人をどこまで説得できるかといえば、それはできないんでしょうね。沖縄からすると、こちら側の欺瞞がすでに見えている。これをどうするか。55年体制は冷戦の中で、沖縄に基地があることと、憲法九条があることと、日米安保があること、この三つが一つのまとまりとして機能していた。これは一つでもおかしくなれば、バランスが崩れます。実際に95年くらいからバランスが崩れた。沖縄の基地問題を含めて日米外交の舞台裏を書いた、船橋洋一さんの『同盟漂流』(97年、現在は岩波現代文庫)もこの時期に書かれましたね。スケールを大きく見てみれば、アメリカ独立革命の精神、フランス大革命の精神、これらは近代の大きな柱ですが、それを越えることが「近代の超克」を可能にする。そしてその可能性は憲法九条の中にあるのではないでしょうか。

大澤　まったくその通りです。ほんとうの近代はどこか、という問題ですね。

もう一つおうかがいしたいのですが、これは橋爪大三郎さんを含めて、中国について座談会をしたときに出てきた話題です(『おどろきの中国』講談社現代新書)。沖縄の戦略上の価値というのは、中国と台湾の関係に関連している、と。しかも、この関係は、非常に屈折したものがあるそうです。中国は、いずれ台湾のことを自国のうちに統合しなくてはならない、と考えています。尖閣諸島などそれに比べてとても小さいことですが、台湾を永遠に「他国」のままにしておくわけにはいかず、どこかのタイミングで統合しなくてはならない、と思っている。

問題はいつ・どのように統合させるかです。中国が豊かになって、人民解放軍の力が強大になれば、その気になれば軍事的に台湾を制圧できる、という状況になりますし、現在、すでにそういう状況かもしれない。しかし、リアリズムの観点から言えば、僕は、軍事的手段で台湾を統合したいと考えている人はほとんどいないと思いますし、橋爪さんもそう話されていた。まず、中国当局としても、台湾を軍事的に統合してしまえば、国際的な非難を受けることになって、いかに国益を損失するかをわかっている。アメリカにしても、中国が台湾に軍事侵攻すれば、台湾を助けなければならないが、できれば、そんなことはしたくない。そうなることは誰も、本音では、中国と台湾の軍事衝突を望んでいないわけです。

しかし、一方で、中国人民からすると、すでに人民解放軍が台湾の軍事力を圧倒しているような状況にあって、統合のために動かないとなると、中国共産党が弱腰に見えてくる。つまり、共産党政権の正統性が危うくなってしまう。このとき、沖縄に米軍がいると、中国共産党政権にとってとても好都合なわけです。なぜなら、橋爪さんによれば、「沖縄の基地に米軍がいるから、かんたんに台湾に侵攻できない」という言い訳が、中国国民に対してできる。これは、もちろん、アメリカにも好都合です。こうして、沖縄に米軍基地が、台湾が平和的に中国に統合される日まで、中国とアメリカが戦争せずに済む理由になってくれる。日本人は米軍が沖縄にいる理由を、いざとなったら中国と戦争するためだと思っているかもしれないが、実際は中国と戦争をしないように済むために沖縄の基地が存在している、というのが橋爪説で、説得力があると思います。

東アジアの問題は、中国と台湾の問題だと思います。尖閣諸島に関しては多少もめることになるかもしれませんが、米軍が尖閣諸島問題に対して本気になって動くことはないでしょう。でも、台湾問題に関してはアメリカはしっかり考えている。万が一、中国と台湾が統合した場合にはアメリカは戦力がもっと小さくて済むと考えるようになると思います。

姜　もし統合された場合には、沖縄に米軍を置く正統性がさらに薄弱になるだろうと。

大澤　アメリカは基地のためにかなりのコストを割いています。しかも、アメリカは中国と戦争する気がないとも思うのです。ところが日本は、中国と戦うことをなぜか想定している。日本は沖縄の基地を、自分を中国よりも強そうに見せるために置いている。アメリカは沖縄の基地を、中国と戦わないために置いている。

姜　中国にとっても米軍はいたほうがいいと。80年代に中国では「日本軍国主義復活論」が出てきましたね。橋爪さんのおっしゃる通り、どこかに米軍の押さえがあるほうが解放軍や世論の暴発への牽制になるということは、あり得ないことではないと思います。中国が沖縄まで触手を伸ばすということはないでしょう。

大澤　現代社会では、よほどの正統性がない限り、今他国に侵攻するという行為は、国際的に孤立しますし、国益に反します。侵攻する国によほどの理由がないと、軍事侵攻が立派なことにはなりません。

戦後日本は満州国モデルの成功例

姜　満州国を研究している山室信一さんが、今の状況は第一次世界大戦前夜にやや似ている、アナロジーがあると書いている。山室さんは、満州国モデルのもっとも成功した例は、日本なのではないかと指摘しています。そしてアメリカにとっての満州国は日本である、と。

大澤　言われてみればそうかもしれません。

姜　もし満州国が五族協和で石原莞爾の理想がそのまま実現されていたら、アメリカが占領した日本のようになっていたかもしれない。戦後の日本は成功した満州国だというのが彼のアナロジーです。占領されてこれほどまでに、戦勝国との関係が特殊なのも珍しい。はじめは戦勝国に抱きしめられていたと思うのですが、今は戦勝国に抱きついている。これでユーフォリア（幸福感）状態になれるというのは歴史的に稀なことだったんじゃないか。

大澤　相手は戦勝国ですからね。赤坂真理さんの『東京プリズン』（河出文庫）のテーマは戦後問題でした。赤坂さん自身は加藤典洋さんの本を読んでいないようですが、加藤さんの問題を小説化したような話です。フィクションですが、自伝的要素が混じっています。彼女は１９６４生まれで、15歳のときに、単身でアメリカに留学されています。小説の主人公の「真理」もそうです。留学したとき、主人公が最も驚いたのは、アメリカ人が自分のことを敵国人として扱うことだったそうです。真理は、もちろん、知識としては太平洋戦争のことを知っていましたが、日本にいた時、アメリカのことを「敵」と呼ぶ大人には会ったことがなかった。しかし、赤坂さんは、アメリカの学校へ行ったら、ちょっと意地悪な先生に「お前はenemyだから」とか言われるのです。日本人はアメリカが敵だったということを忘れて、しがみついて何十年も生きている。

姜　昔、岸田秀さんが日本はアメリカにレイプされたというたとえで精神分析をしていましたね。今回の件について、国会の討論を見ていると、ここまでアメリカに抱きつかないといけないのか、と。逆に本音が出てしまっている。

大澤　必至になって抱きつくために、色々なことを考えているのだと思います。秘密保護法を成立させたのもそうです。秘密保護法がなければ、日本の技術力をアメリカに提供できませんからね。

姜　先日、内部告発サイトのウィキリークスによって、アメリカの情報機関ＮＳＡが日本も盗聴対象にしていたことがわかりました。

大澤　はい。顕著だったことは、同じことが暴露されたとき、ドイツのメルケル首相やフランスのオランド大統領が激怒したのに、日本の首相や政治家はさほど怒らなかったことです。日本も独・仏もアメリカの同盟国ですが、アメリカとの関係のあり方が全然違っている。たとえるならば、日本にとってアメリカは親、父親です。独仏にとっては、いかにアメリカが優位だと言っても、対等な他人です。イメージするとすれば、親が未成年の子供の部屋に入って、隠して書いている日記か何かを覗いたとします。子供は、プライバシー云々といって、親に怒るわけです。たしかに怒るけれども、親子関係であるから親として子供の監視をしなければならない。日本は親に日記を見られた子供くらいの怒り方をしているわけです。ところが、ドイツやフランスの場合は、他人がこっそり自分たちの家に進入して、家計簿を覗いたり通帳を見たり、家族のプライヴェートな手紙を読んだりしたというふうに考えている。これは犯罪です。日本は自分の外出中に、お父さんが部屋に入って勝手に日記を見たという感じなので、道義上少しは問題ですが、犯罪にはならない。

姜　「お父さん、やめてくれよ」と、その程度のことは言ったということですね。

アメリカの子分でいるための原発

大澤　はい。日本はアメリカを、よく言えば、信頼しているのだと思いますが、悪く言えば、マッカーサーが言ったように、未だに12歳なのでしょう。日本はアメリカに監視されることに対して、不感症になっているのだと思います。かつて鳩山元首相が普天間基地へ行って、県外移設すると宣言したと思ったら、数時間後に取りやめた。その時、日本のマスコミは主として鳩山元首相の政治手法に対して「甘い!」と批判しました。たしかに、彼の政治家としての手腕の問題もありましたが、それよりもっと大きなことが起きている。白井さんが『永続敗戦論』でも書いていましたが、世論の支持が大きかった一国の首相が、沖縄に駐留している米軍に説得されて、発言をすぐ取り消さざるをえなくなった。このことは、アメリカが日本よりもずっと強いということを示しているし、日本にとっては、ほとんど主権を侵害されているような状態です。駐米大使が、アメリカの大統領がアメリカ人に公然と約束しているような基本的な意見を変えさせることができるか、考えてみるとよい。そんな状態なのに、あの時、アメリカを批判したマスコミはなかった。日本人があまりにも対米従属を当たり前だと思い過ぎているからです。

姜　はっきり言って、原発も同じです。なぜ日本にこんなにも原発があるかというと、日本がアメリカの子分でいるには原発を持つしかないからです。幸か不幸かアメリカはスリーマイル島原発事故があって以降、原発を作ることができなくなった。一方で、アメリカは日本に対しては原発を作ることを許可している。

大澤　12歳の日本は、ただし、憲法をお宝として持っている。

日本人は戦争に負けたことで、何か学んだつもりにはなっていると思います。その典型が九条です。九条を放棄してしまうと、何も学んだことにならない。アメリカという先生から卒業するには九条を放棄するのではなく、先生が与えた以上に学び取ることが必要だと思います。

外交の課題を解決するための憲法九条

大澤　リアリズムの中では軍隊を持って、アメリカと同盟していなければ平和はない、という前提があり、一般に、国際政治は、互いが互いに狼として争うような世界だと思われています。しかし僕は、現代、ある国が、「国益」のために、ほんのわずかでも正統だと見なしうる政権によって支配されている他国を侵略することは、ほとんどありえない、と考えています。そんなことをすると、侵略した方の国が、結果的には国益を損ねるからです。かつて、クウェートに侵攻したイラクのように、です。侵略というか、軍事的に侵攻を受ける可能性があるのは、ほとんど「ならず者」国家と見なされるくらい正統性が危ういと見なされている体制です。だから、国がある程度民主的な国として維持される状態は、規範的な正統性を有すると見なされている状態は、それ自体、防衛上かなり強い効果を持っていることになる。こうした私の考えは甘いのでしょうか。

姜　僕も大澤さんと同じ意見ですよ。79年、僕がニュルンベルクのエアランゲン大学に留学したとき、イランの留学生と親しくしていました。イラン革命が起きて一年後に、学生寮で、専政政治をしていたモハンマド・レサー・シャーを撮影した映写会をしたんです。その時、僕もはじめてイランとイラクの区別を知りました。あの時は、まさかイランとアメリカの国交が正常化に向かうとは想像できなかった。

どうもブッシュの時代に比べると、国際政治は異質なものをスポイルするよりも、インクルード（統合）する方向へ向かっているのではないか。僕が信じられなかったのはアメリカがロシアとあれだけ対立しながらも、イランでは一緒にテーブルについてやっているわけです。安倍さんが考えている以上に、アメリカは二重・三重にいろんなことを考えてやっている。

大澤　日本も真剣に外交を考えないといけないですね。

姜　ドイツのメルケル首相が来日した時、会いに行ったのです。ドイツ大使館は朝日新聞社への吉田調書批判の時から、日本の世論がおかしいことになっていると警戒しているようで、安倍首相との会談の前に朝日新聞社向けの会をセッティングしたそうです。そのことに対して、安倍首相はいい気がしなかった。首脳会談の前にドイツの首相と一新聞社が会談をしているわけですから。それはいいとして、僕はその時質問をしました。イランとの1＋6ヵ国協議はどうなるのですか、と。そのとき「うまく行きます」と断言した。そして、実際に数ヶ月後にそうなった。それを考えると、北朝鮮とイランとでは状況が違うにしても、何もやらないよりは何か動いたほうがいいと思う。ドイツは国際連合の常任理事国ではないけれども行動した。世界の中で重要な位置にいるからこそ、日本がドイツと関係を深めることが必要だとも思いました。

大澤　なるほど、おっしゃる通りですね。ドイツは、本気になって問題を解決しようとしていますね。そうすると、ときに奇跡のようなことが起こる。日本の政治は、とりわけ外交は、ほんとうに問題を解決する気があるのだろうか、と疑いたくなるときがあります。北朝鮮との問題についても、あるいは韓国・中国・ロシアとの間にかかえている領土問題についても、そうです。どうせ相手が受け入れるはずのないことについて言うだけ言って、「解決できないことはやはり解決できないんだな」ということを確認する儀式のようなものになっている。しかし、政治のほんとうの使命は逆だと思う。行政とは別の政治に真に価値があるとすれば、それは、不可能だと思われていたことが実は可能だということを人々に確信させることにあるのではないでしょうか。今日は、主に、現在の安保問題について話し合ってきましたが、これについて現在、提案され審議されている法案も、とうてい、そうした使命を果たすものとは思えません。それは、これまでの日米関係をより強く肯定するものであって、「どうせ日本にできることはここまでだ」ということを再確認するだけに終わっているように思います。今日は、どうもありがとうございました。もうじき、安倍談話が発表されますね。一緒に聞きましょう。

論文

大澤真幸

戦争と平和

どうしたら憲法九条は活きるのか

大規模なデモをもって強く反対されている法を、きわめて強引な仕方で通過させた政権が、かなり高い支持率を維持しているのはどうしてなのか。

やだ！
ろう！
日野の会
戦争反対
強行採決
反対

9条
壊すな!
戦争させない
殺すな
TRUE

戦後70年間、日本人がほとんど考えてこなかったことについて、考えてみよう。日本人は、「それ」について、戦後ずっと考えてきたつもりでいる。しかし、実際には、ほんとうにはよく考えていなかったようだ。考えてこなかった「それ」、ほんとうには考えることを回避してきた主題とは、「戦争」である。戦争について考えるということは、平和について考えることである。日本人は、70年間、「戦争と平和」について考えてこなかった。自分では考えているつもりでいる。つい最近も、ほとんどそのことばかりを考えていた、と思っている。しかし、実際には、考えていない。少なくとも、考えるべき、その最も深部に至る思考を展開してはこなかった。

さて、こうした問題について、今この日本で語るとすれば、自分の政治的なポジションを明確にせずに済ますことは不可能だ。いわゆる護憲派か改憲派かという二分法に基づくならば、私は、はっきり護憲を支持する。日本が集団的自衛権をもつことには、反対だ。このことは、すでに講演やインタヴュー、そして何より著書（木村草太との共著『憲法の条件』NHK出版新書）の中で表明してきた。また参議院本会議で、集団的自衛権を容認する安保関連法案が採決された9月18日の夜には、国会前のデモにも行った。だから、この法案が与党の賛成多数によって可決された今、私は「敗北」の感覚をもっている。

だが、勝負は終わったわけではない。法は、民主的な方法によって、いくらでも変えることができる。目下のところやや劣勢にことは展開している、というだけのことである。

しかし、同時に、やはり次のことも言っておかねばならない。護憲派がこの緒戦で敗北を喫したことの原因のひとつは、護憲派そのものの弱点にある、と。何かが足りなかったのである。どこに弱点があったのか。どうして勝てなかったのか。

1　敗戦の遡及的な無効化

1-1　二つの「フィガロ」

最初に、日本人が「戦争」についてほんとうには考えてこなかった、ということの主旨を直観してもらうために、人はときに、過去の決定的な出来事を遡及的に無効化することがある、という点を指摘することから始めよう。単に、過去の出来事の影響を否定するだけではない。そうではなく、その過去の出来事の時点にまで遡り、その出来事そのものがまるでなかったように振る舞うことがあるのだ。

どういう意味なのか。まずは日本の戦後史とは無関係な具体例によって説明しよう。

スラヴォイ・ジジェクは、こうした現象の例として、「フィガロ」が登場する二つの有名なオペラ、つまりモーツァルトの「フィガロの結婚」とロッシーニの「セビリアの理髪師」を比較して、興味深い相違を指摘している。モーツァルトの「フィガロ」は、ボーマルシェの原作がもっている解放的なモメントを維持していて、このオペラが発表された3年後に勃発するフランス革命への予感を孕んでいる。たとえば、夫人や小間使いのスザンナの策略によって、己の不実が暴かれたあと伯爵が、自分の家来たちに赦しを請うシーンを思うとよい。ここで貴族が平民によって嘲笑され、階級的な主従関係が逆転されている。しかし、その30年後、つまりフランス革命が完全に終わった後に作られた、ロッシーニの「セビリアの理髪師」には、そのような政治的な含意はまったくない。それは、貴族の遺産と結婚をめぐるドタバタ喜劇（オペラ・ブッファ）である。ちなみに、原作に即していえば、「フィガロの結婚」は、「セビリアの理髪師」の後日談ということになる。

モーツァルトとロッシーニのあいだの政治的な違いはどこから来ているのか。ロッシーニが活躍した1815年から1830年のヨーロッパは、反動の時代にあたる。ヨーロッパの権力者たちは、それに先立つ（1789年からの）革命の時代をなかったことにしようとしていた。ジジェクの解釈では、ロッシーニの喜劇作品がなしたのはまさにこれである。それらは、革命前の世界を取り戻そうとしたのだ。とはいえ、ロッシーニが、強い意志をもって革命後の新世界と闘ったわけではない。ただ、彼は1789年から1815年のおよそ四半世紀がまるで存在しなかったかのような作品を創っただけである。

このように、人は、ときに過去の決定的な出来事がなかったかのように振る舞うことがある。単純に出来事のことが忘れられたり、その衝撃の反響が弱まったりするのではない。出来事のことは記憶され、知られてもいる。にもかかわらず、人は、それがなかったかのように、つまりその出来事の結果が前提とはなっていないかのように行動することがあるのだ。これは、知人の行動から判断すれば、彼または彼女は、それがなかったと信じているようにしか思えない。のだ。一方で、人はフランス革命があったことをもちろん知っている。しかし、他方で、その考えられている。[*1] しかし、実際には、知っていることと矛盾していることを信ずることがあると信の逆立の一種である。普通は、知っていることと矛盾することは信じることができないと

1-2 アメリカで驚く

日本人は今、2011年の3・11の原発事故に対して、まさにそのように振る舞おうとしている。つまり、3・11の津波を原因とした原発事故がなかったことにしようとしているように見えるのだ。3・11のような大規模な失敗を経験すれば、全面的な脱原発等の劇的な政策の転換があるのが普通だろう。ところが、日本政府は、「もし原発事故がなかったとしたらそうしたであろうこと」にできるだけ近い行動を選択しようとしている。これは、数年の経過によって、事故のことが急速に忘れられている、といったことではない。つまり、これを、記憶の自然な劣化(記憶の風化)によって説明すべきではない。記憶の劣化(のように見える現象)は、原因ではなく、むしろ結果である。日本人は、「そのこと」を忘れてしまったかのように、そもそも「そのこと」がなかったかのように振る舞おうとしているのである。

日本人がこれと同じ態度をはるかに徹底して長期にわたってとり続けてきたのが、日中戦争・

*1 たとえば、ボストンが美しい街であるということを知ってしまえば、人は、「ボストンは汚い街だ」と信じることはできなくなる。何も知らないうちは、どう信ずることもできるが。

太平洋戦争とその敗北に対して、である。日本人は、敗戦に関して、過去へと遡及し、その存在を否定するという方法で応じてきたのだ。

たとえば、赤坂真理の、自伝的要素とタイムトラベル風のSF的設定を合体させた長篇小説『東京プリズン』に、次のような場面がある。1964年生まれの主人公の真理は、母親の意向で、中学を卒業してすぐに、つまり15歳で、単身アメリカに留学した。1980年のことである。彼女は、周囲に日本人などまったくいないメーン州の田舎にホームステイをしながら、同地のハイスクールに通う。そこで彼女は、老教師から「天皇の戦争責任」についてレポートせよ、という課題を与えられる。このとき、彼女は、何かにつけて彼女につらくあたるその老教師の一言にびっくりする。この教師は、日本のことを「敵」と呼んだのだ。

もちろん、真理は、およそ40年前に日米が戦争したこと、そして日本が負けたことを知っている。彼女がびっくりしたのは、日本にいたとき、アメリカのことを「敵」と呼ぶ大人に会ったことが一度もなかったからである。日本人は、戦後、「アメリカと戦争して敗北したこと」について、それがなかったかのように振る舞ってきたのだ。白井聡が「永続敗戦」と呼んだこととは、この結果である。敗戦という事実を遡及的にキャンセルしたことで、逆に、常に負け続けること（まるで主権を放棄したかのような徹底した政治的・経済的・文化的な対米従属）になった、というわけである。

いつから、日本人は、敗戦の事実を無効化したのだろうか。おそらく、それは、敗戦後間もない頃である。ジョン・ダワーが『敗北を抱きしめて』で紹介しているあるエピソードがそのことを示唆している。ダワーによれば、GHQ占領期に最も流行った映画は、「オー、ミステーク!」だった。日本大学で運転手をしていた若い男が、大学の公金を盗み、大学教授の娘と遊興に使ってしまう。1950年9月に逮捕されたときに、この男が叫んだのがこの言葉である。男と娘は、ハリウッド映画の大ファンで、普段から変な英語を使っていた。考えるべきは、なぜ、この英語が流行ったか、である。当時の日本人の心性に、この英語がきわめて適合的だったからだ。日本人にとって、戦争も敗戦も、「オー、ミステーク!」程度の誤り、「ごめん、ちょっと間違っちゃった」程度の誤りだったからではないか。厳密に言えば、戦後になって、遡及的に、その程度の誤りに転換されたわけだが、そのような無意識の操作は、敗戦後5年目のこの時期にはすでに完了していたと推定することができる。

「英語」ということに着目すれば、このような過去の遡及的な無効化の操作がなされた時期は、さらに敗戦に近い時点にまで遡らせることができるかもしれない。次は、大衆的な現象ではなく、孤立した事例ではあるが、ダワーは、戦後最初のベストセラーとなった『日米会話手帳』の成立事情について、興味深いエピソードを紹介している。これを発案したのは小川菊松という人物だ。彼は、商用の旅先で玉音放送を聞き、涙ぐみながら帰路の列車に乗った。ところが、その列車の中で、彼は、天啓のように「この機に金持ちになれるだろう」という思いを得る。「日本は占領される。そうすれば、みんな初級の英会話の本をほしがるに違いない」と考えたのだ。こうしてできた『日米会話手帳』は、皮肉なことに、日本が中国を占領したときに役立てようとして作られた、日中会話の手引書が参考になっていた。小川菊松の場合、玉音放送を聞いた直後の列車の中ですでに、敗戦の遡及的な無効化の操作が遂行されている。

これは極端なケースだが、いずれにせよ、日本人は、戦後のごく初期の段階において、観念の上で敗戦の時点へと遡及的に回帰し、戦争と敗戦の存在を無効化したのではないか。その無効化はその後も世代的に継承されている。戦争と敗戦の存在自体が無効化されているのだから、それらを起点として考えるべきことは、当然、思考の主題にされることはなかった。

1-3 敗戦の二つの「否認」

要するに、戦後の日本人は、敗戦を否認した。ここで、「否認」とは、ある事実を知っているのに、拒絶する心的な態度を表現する、精神分析学の術語である。フロイトは、フェティシズムを説明するために、この語を導入した。フロイトによれば、男の子は、女性のペニスがないことを知ったときにそれに衝撃を受け、この事実を否認する。ならば、女性のペニスはどこにいったのか。それを代理するもの、つまり代わりのペニスが、フェティッシュな欲望の対象となる。

このフロイトの説明が正しいかどうかは、今はどちらでもよい。ただ、さまざまな局面で、人間の経験のさまざまな領域で、「否認」の操作が見られることは確かである。戦後の日本人は、集合的に過去の敗戦を否認したのだ。

ただ、同じ否認でも、対アジアの敗北に対するそれと対アメリカの敗北に対するそれとでは、いくぶんかやり方が異なっていたので、この点だけは確認しておく必要がある。対アジアに関しては、否認というより、単純な拒絶や否定に近い。簡単に言えば、多くの日本人は、中国に対しては負けたつもりはない、と感じている。つまり、中国に負けたことを端的に忘れているのだ。しかし、中国は、ポツダム宣言にも参加している戦勝国である。[*2] また、日本人は、韓国や北朝鮮にも負けた、とは思っていない。たしかに、朝鮮半島は植民地化されていたのだから、日本の戦争の相手ではなかった。しかし、反植民地闘争という観点からすれば、韓国や北朝鮮はまさに日本に勝った、という意識を持っている。繰り返せば、日本人は、中国に対しても、さらに韓国や北朝鮮に対しても、負けたとは思っていない。そのため、たまに、これらの国々が、とりわけ中国が、靖国問題等で、戦勝国として振る舞うと、一部の日本人は激怒するのである。

仮にアジア諸国への敗北は端的に否定したり、拒絶したりできたとしても、アメリカに対しては、そう簡単にはいかない。東京を含む諸都市を空襲し、さらに原爆まで落としたアメリカに対して、日本人としても、「お前には負けたつもりはない」とは言えない。では、どのような心的世界を構築することによって、アメリカに対する敗北を否認することができたのか。結論だけを言ってしまえば、日本人は、アメリカを救世主と見なすことで、敗北を否認したのである。アメリカはわれわれを救ってくれた、われわれを解放してくれた、というわけである。一体、何から救ってくれたのだろうか。この点はあいまいである。ともあれ、アメリカは救世主として日本にやってきた…これが日本人の標準的な見方である。

＊2　ときどき、戦勝国は中華民国であって、中華人民共和国ではない、と主張する人がいるが、それは詭弁だ。こういう詭弁を弄する人が、中華民国に負けたと感じているかと言えば、このような人はそれもまた否認している。

このようにアメリカを見るためには、しかし、アメリカ人が日本人に好意や善意を抱いていること、日本人を愛していることが前提である。そうでなければ、どうして、わざわざ日本人を救済するだろうか。こうして、日本人はアメリカを敵と見なすことができなくなる。「敵」という規定は相互的なものなので、日本人にとってアメリカが敵ならば、アメリカにとっても日本人が敵だということになる。憎き敵をわざわざ救う者はいない。こうして、赤坂真理の体験に回帰する。日本人でアメリカのことを公然と敵と呼ぶ人に会ったことがない、というあの体験に、である。

2　ふしぎな内閣支持率

さて、以上は前提である。こうした歴史的前提を確認した上で、考えてみよう。戦争について、平和について、集団的・個別的自衛権について。

だが、これらについての私の考えを論ずる前に、社会学者としての疑問を述べておきたい。安全保障関連法案をめぐる審議が国会でなされていた２０１５年夏の、日本人の「世論《セロン》」の変動が、たいへん不可解だったということ、これである。そのことをあからさまに要約しているのが、小泉内閣より後の七つの内閣の支持率の推移を示した以下のグラフ（図1）である。縦軸には、内閣支持率を、横軸には、内閣が発足してからの月数をとってある。

図1　2006－2015年の内閣支持率の推移

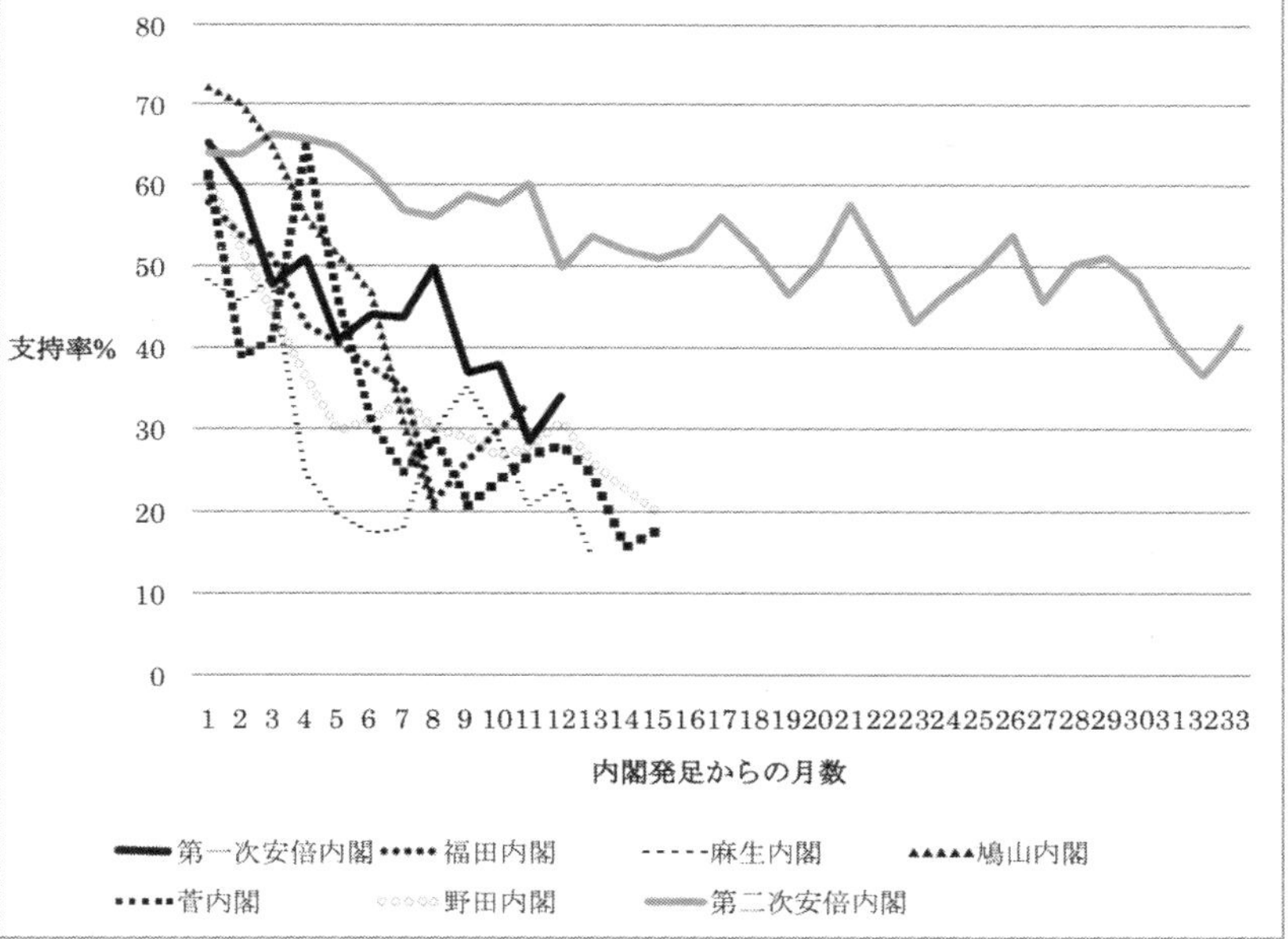

グラフは、NHK放送文化研究所が毎月実施している調査（政治意識月例調査）の結果に基づいて、私が作成した。

まず直ちに気づくのは、第一次安倍内閣から野田内閣までの六つの内閣の支持率の推移が、驚くほどよく似ている、ということである。「よくもここまで同じパターンで推移したものだ」と言いたくなる。発足当初の支持率は、どの内閣も高く、60％前後である。しかし、1年前後の期間で、支持率は急降下する。これを見ると、内閣を維持することが不可能になる支持率の下限がどこにあるのかが、だいたいわかる。20％前後が下限である。それ以下になったとき、その内閣の継続は困難になり、別の首相のもとで新たな内閣が結成されるようだ。

上方に悠然ととどまっている、ひときわ長い折れ線が、第二次安倍内閣の支持率である。つまり（第二次）安倍内閣の支持率だけが、あまり落ちないのだ。確かにゆるやかな漸減の傾向はあるが、急落はしていない。これだけでもふしぎである。安倍内閣が、他の内閣よりもずば抜けて優れたことをやっているわけではないからだ。どうして、第二次安倍内閣の支持率だけが、第一次安倍内閣を含む他の内閣の支持率の推移のパターンに従わないのか。この点については、別のところで論じたことがあるので、ここでは説明しない。*3

それより、ここで問題にしたいのは、このグラフの最後の4ヵ月である。安保関連法案を閣議決定した後の支持率の推移がここに表れている。私がふしぎに思ったのは、ここでも安倍内閣の支持率は、たいして低下していないことである。確かに、それ以前の期間に比べると、集団的自衛権を含む法案を閣議決定し、国会の審議に付してから、支持率は目立って低下している。4ヶ月で、支持率は10ポイントほど下がった。また、国会審議中に、第二次安倍内閣が始まって以来初めて、内閣を支持しない者の率が支持する者の率を上回った。しかし、それでも、支持率の低下は、さして大きくはない、と見なすべきではないか。図2は、2015年5月から9月にかけての、安倍内閣の支持率の推移だけを取り出したものである。法案の閣議決定は、5月14日になされている。グラフにある5月の値は、閣議決定より前のものである。最後の値は、9月11日〜13日にかけて行われた調査に基づいており、法案が参議院で可決される、1週間弱ほど前のものである。

安倍内閣の支持率は、下がり気味ではある。しかし、内閣維持が可能な値の下限である20％よりははるかに高い。また、「支持しない」が「支持する」を圧倒するほどではなく、むしろ拮抗している。日本の内閣にとって、「支持する」者の率が、「支持しない」者の率よりも低いということは、ほとんど常態に近い。「支持しない」と「支持する」の差がこの程度であれば、安倍内閣は安泰だと言わざるをえない。

どうして、安倍内閣の支持率はこんなに高いのか？　不可解ではないか。なぜ不可解かと言えば、法案の審議期間中連日、国会議事堂の前では何万人もが参加する大規模なデモが行われていたからである。その他の地域でも、この法案に反対するデモが行われていた。デモの規模は、間違いなく、60年安保以来の水準である。要するに、戦後、最大に近い規模のデモによって反対されている法を、安倍内閣と与党は国会で決定しようとしたのだ。内閣支持率はもっと

＊3　http://www.ohtabooks.com/homo-viator/1945-2015/11874/

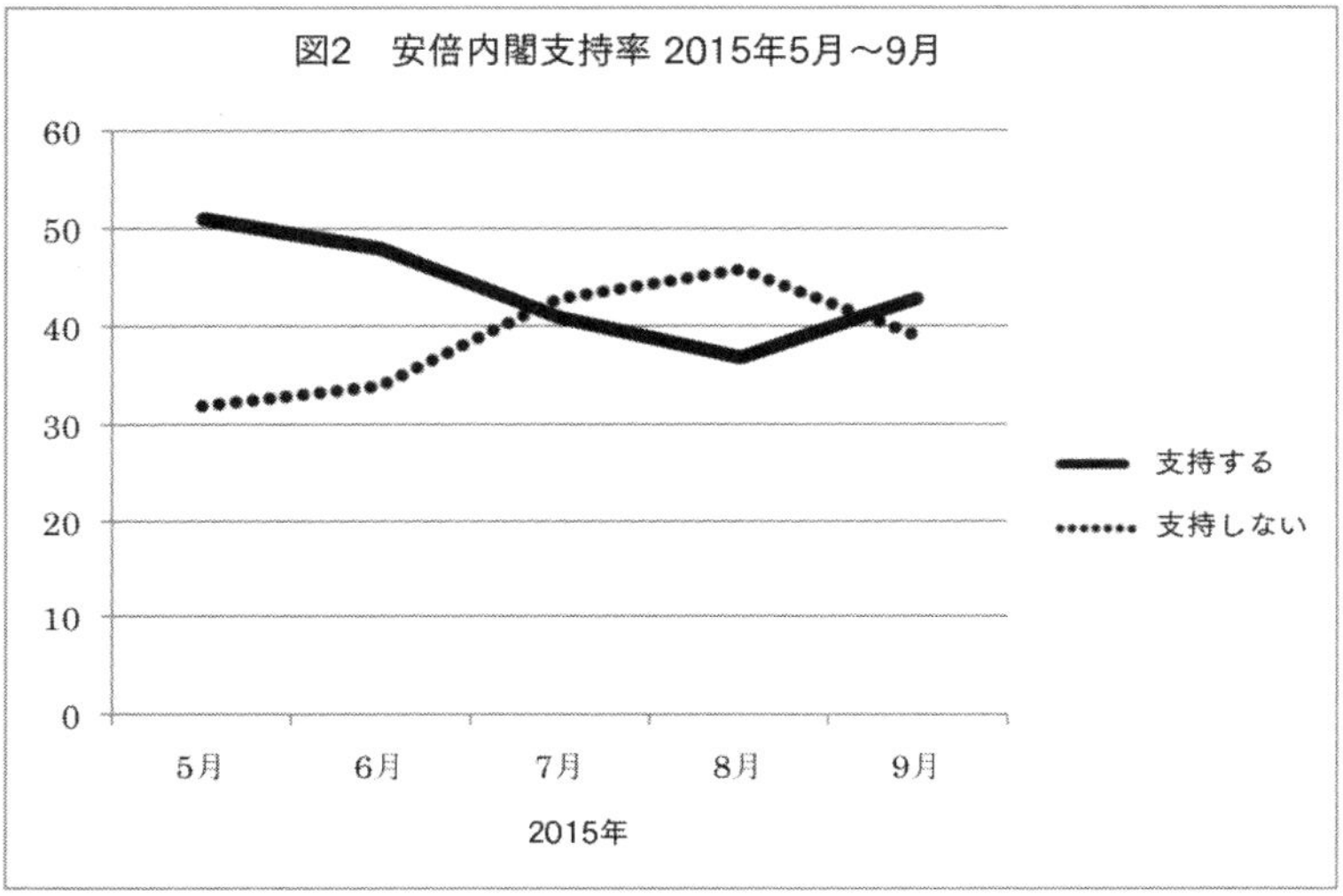
図2　安倍内閣支持率 2015年5月～9月
60
50
40
30
20
10
0
5月
6月
7月
8月
9月
2015年
支持する
支持しない

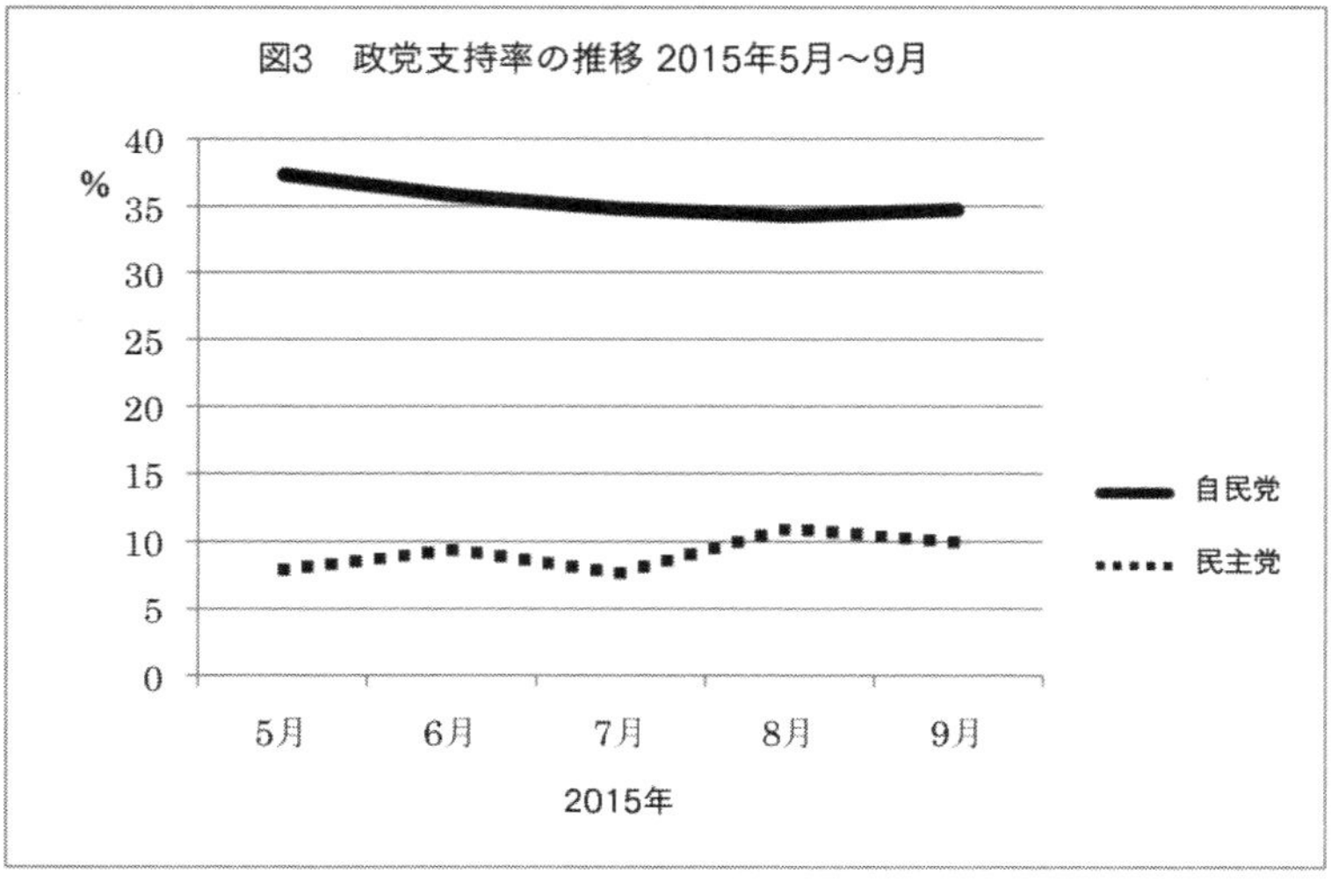
図3　政党支持率の推移 2015年5月～9月
%
40
35
30
25
20
15
10
5
0
5月
6月
7月
8月
9月
2015年
自民党
民主党

ずっと低くなってしかるべきではないか。

他の内閣と比べてみるとよい。第二次安倍内閣の前の六つの内閣はすべて、支持率を20%程度に下げ、1年前後の短期間で終わってしまった。が、これらの内閣は、大規模なデモで反対されるようなことを進めていたわけではない。そんな内閣でも、支持率は20%くらいになってしまうのだ。どうして、稀に見る大規模なデモによって公然と反対されていることを強引な仕方で実現しようとしている内閣の支持率が、それよりずっと高いのか。

デモの背後には、これを共感的に見ている国民がたくさんいたはずだ。デモは、氷山の一角である。あれほど大規模なデモが起きているときには、国民全体で捉えたときにも、反対派が多数であったと考えなくてはならない。実際、その通りであることが、ほとんどすべての調査によって実証されている。つまり、安保関連法に賛成する者よりも、これに反対する者の方がはるかに多いことがすべての調査によって確認されている。たとえば、この法が成立した直後に朝日新聞が実施した調査によると、法案に賛成の者は30%であり、反対の者は51%である。反対派は賛成派の1・7倍になる。さらに、同じ調査によると、「安倍政権が（法案を）広く国民の理解を得ようと十分に努力したか」という質問には、4分の3の者が、「否」と答えているのだ。つまり、はっきりと民意に反することを実現したのに、この内閣の支持率は、そこそこ高い、ということになる。どうしてなのか。

おそらく、政権への支持がもっと急激に低下していたら、安保関連法はこれほど簡単に成立しなかっただろう。与党の議員の中にも反対者が出たかもしれない。次の選挙での落選を恐れるからだ。しかし、現状程度の、つまり40％前後の内閣支持率があれば、与党の議員は、議事堂前のデモが表明している意志に反することを推進しても、次の選挙のことをさして恐れることはないだろう。実際、政党支持率は、このような推測を裏付けている。図3は、図2と同じ期間の自民党と民主党の支持率の変化をみたものだ。安保関連法を支持した自民党とそれに反対し続けた野党第一党の支持率の差は、ほとんど縮まらなかった。

ここで依拠している調査は、参議院本会議で安保関連法が通過する5日ほど前までの結果しか含んでいない。人によっては、法が強引な仕方で参議院の委員会と本会議で可決された後であれば、安倍政権への支持は、はるかに低下しているのではないか、と推測するだろう。だが、その推測は当たっていない。支持率の低下は、ごくわずかに留まっただろう。このような推定を裏付けるデータは、NHK放送文化研究所の調査では得られないので、別の調査、朝日新聞による調査を見てみよう。朝日新聞は、9月12、13日と、法が可決した直後の9月19、20日に、安倍内閣の支持／不支持を調査している。前者は、NHK放送文化研究所の9月の調査とほぼ同じ日にあたる。朝日の調査によると、可決後の安倍内閣の支持率の低下は、たった1ポイントである（36％→35％）。新聞の本文では、安倍内閣の支持率は発足以来最低を記録したと書かれており、実際、その通りなのだが、支持者が激減したとはとうてい言い難く、むしろわずかな減少に留まったと見るべきだろう。[*4]

疑問を繰り返そう。大規模なデモをもって強く反対されている法を、きわめて強引な仕方で通過させた政権が、かなり高い支持率を維持しているのはどうしてなのか。集団的自衛権や安保関連法には反対だが、安倍内閣は支持するという者が相当数いると考えなくてはならないが、どうして、このような「矛盾」した反応が出るのだろうか。まことに奇妙なことではないか。

安倍晋三の祖父のケース、つまり岸信介のケースと比較すると、疑問はますます深まってくる。岸信介こそ、60年安保のときの首相である。彼は、国会前で展開していた大規模なデモに抗して、日米安保の改定を実現した。岸が、デモを前にしてこう言い放ったことは有名だ。「国会の前は騒がしいが、銀座や後楽園球場はいつも通りだ。私には『声なき声』が聞こえる」と。だが、「声なき声」は、決して、岸を応援してはいなかった。逆に岸を批判していたのだ。それゆえ、岸は、安保改定後、首相を辞さざるをえなかった。安保を改定したという意味では、岸は勝利したが、退陣を余儀なくされたという意味では、岸は負けたのである。[*5] デモによって示されている「民意」に反した決定や行動をした政治家の運命としては、これが普通だ。だが、

＊4　私の想像だが、朝日新聞の担当者は、安保関連法を強硬に参議院を通過させたことで、安倍内閣の支持率が急落しているに違いない、と推測して、調査を実施したのではないか。ところが、実際には、ほとんど誤差の範囲の支持率の低下しか見出せなかった。それでも、とりあえずは支持率が下がっており、「発足以来最低」と記事にしたためることができて、記者は安堵したのではないか。

＊5　岸信介は、安保改定によって、自分の政権への支持率は高まると予想していたらしい。その予想はまったく外れた。もっとも、国民の方も、岸のねらいや、岸と吉田茂の間の路線の違いなどを十分に理解していたとは言い難い。岸の退陣後、吉田の流れを継ぐ、池田勇人が首相になる。

岸信介の孫は、首相の地位を保ち続けることができそうだ。この違いは、どこから来るのだろうか。*6

3 「右」の矛盾、「左」の欺瞞

3-1 「黒い白馬」のような

さて、この社会学的な疑問に対しては、次節で答えることにして、安保関連法によって導入された集団的自衛権なるものについて、簡単な検討を加えておこう。安保関連法が国会で審議されている期間の間、決まり文句のように繰り返されていたフレーズがある。「未だ国民の理解が得られていない」。つまり、「集団的自衛権って何なのかよく分からないよ」という人がまだたくさんいた、ということである。それならば、もっと長く議論していれば、あるとき、「ああ、そういうことなのか」と腑に落ちるときが来たのだろうか。もっと上手に説明していれば、集団的自衛権が何であるのか、たいていの人が理解できたのだろうか。

そんなことはない。このたびの安保関連法が導入した集団的自衛権は、原理的に理解できないようにできているからだ。これについて理解するとは、「理解できない」ということを理解することである。どういうことか？　集団的自衛権は、わが国が「存立危機事態」に陥ったときにのみ行使することができる、ということになっている。存立危機事態とは、生きるか死ぬかの危うい事態ということである。だが、よく考えてみれば、そのような状況でのみ行使される集団的自衛権とは、集団的自衛の観念の自己否定である。

集団的自衛とは、本来、次のような考えである。「私とあなたと一緒になって防衛しましょう。敵があなたを攻撃すれば、たとえ私を直接攻撃していなくても、それを広い意味での私への脅威と見なして、私も一緒に敵と闘います」。これが集団的自衛という発想だ。

ここにもし、次のように付け加えたらどうだろうか。「ただし、私が死ぬかもしれないほど危ないときだけ、あなたと一緒に闘います」と。私が死にそうな脅威にさらされているとき、私が反撃するのは当たり前のことである。そういうときだけ使用される集団的自衛権は、集団的自衛権ではない。

もしあなたが友人に、この種の集団的自衛を提案したらどうなるか想像してみればよい。絶対確実に、あなたとその友人の友情は破壊されるだろう。友人は怒るに違いない。「ふざけるな！　オレだけが危ないときは、お前は助けてくれないということかよ。お前だけが危ないときには、

＊6　付け加えておけば、第二次安倍内閣と対照的なのが、菅直人首相であろう。3・11を経験した首相が、菅直人である。その結果、菅直人は、はっきりとした脱原発への志向をもった。菅直人に比べると、野田佳彦の脱原発への態度は曖昧であり、安倍晋三は、原発推進派だと言ってよいほどである。また、いくつもの意識調査は、原発事故後、脱原発を望む者が国民の多数派であることを示している。菅直人の方針は、民意と一致していたことになる。にもかかわらず、菅直人首相への支持率は急激に降下し、野田佳彦への交替を余儀なくされた。つまり、安倍晋三は、民意に反することを推進して、高い支持率を維持し、菅直人は、民意と合致する見解を表明しながら、支持を失ったのである。日本の世論には奇妙なねじれがある。

オレが助けなくてはならない、というのに……」。

つまり、「わが国の存立危機事態にのみ行使される集団的自衛権」というのは、自家撞着的なアイデアであって、「黒い白馬」と言っているに等しい。どんなに長々と議論したところで、黒い白馬とは何かがいずれ理解されるということはない。「ホルムズ海峡の機雷云々」という議論は、「尻だけが黒い馬は黒い白馬なのか、それともまだ十分に黒くなく白馬なのか」と言い争っているようなものである。こんな論争は、永遠に決着がつかない。

＊

ここから逆に、この法を導入しようとした政治家や官僚の真の意図も容易に読み取ることができる。たとえ形容矛盾のようなものであろうとも、とにかく「集団的自衛権」という言葉を活用できるようにすること、これが重要だったのである。なぜか？

ひとたび「黒い白馬」という概念が認められれば、どんなに小さな点のような黒であれ、「黒い白馬」と見なすに十分なほどに黒い、と言うことが可能になる。ほんのわずかでも灰色がかっていれば、その白馬は、すでに「黒い白馬」である。つまり、「黒い白馬」はどこまでもただの「白馬」に近づけることができる。

「存立危機事態における集団的自衛権」も同様である。「存立危機事態」という限定は、どこまでも緩めていくことができる。今や、日本は、集団的自衛権一般を法的に承認したに等しい状況にあるのだ。

さらに付け加えておこう。後になって、集団的自衛権を実際に行使するとき、2015年夏の国会での議論が蒸し返されるかもしれない。「あのとき、お前は、存立危機事態について、そんなふうに言ってはいなかったではないか」とか。しかし、この国の政府は、憲法でさえも、自由自在に解釈し、誰がどう読んでも間違いであるような解釈でも「正解」にすることができるのだ。一法律の中の条文など、いくらでも、「解釈改正」できるに違いない。

3-2 徴兵制

では、このたびの安保関連法に組み込まれているこうした矛盾から解放して、集団的自衛権という概念そのものをとりだしたときにはどうだろうか。このようなアイデアには、大義や正当性はあるだろうか。

集団的自衛権という発想そのものに、まったく理がないわけではない。それは、他人（たとえばアメリカ）が作った平和にただ乗りすべきではない、という点にある。私は、今、誰かに直接攻撃されない限りは絶対に喧嘩しない、という方針をもっていたとする。しかし、私に誰も危害を加えないのは、私の友人の麻生君が、悪い奴と闘い、やっつけてくれているからだとしたらどうか。私も麻生君と一緒に悪い奴と闘うべきではないか。これが集団的自衛ということである。

このように考えれば、集団的自衛権をもつことにも、相応の根拠があるようにも思える。だが、そうだとすれば、一つの条件が付く。集団的自衛権を支持する者は、徴兵制を積極的に容認しなくてはならない。必要なときには、徴兵制を施行することをよし、と考えなくてはならない。なぜか？

理由は簡単である。集団的自衛権に妥当な根拠があるとすれば、それは、今述べたように、誰も平和の「フリーライダー」になるべきではない、ということにある。しかし、徴兵制を拒否するならば、つまり、自分が兵士として戦場に行く可能性が出るのは嫌だ、と言うのであれば、それは、結局、誰か別の人が——たとえば自衛隊が——作った平和にただ乗りさせろ、と大声で叫んでいるに等しいことになる。集団的自衛権に賛成する者は、徴兵制を喜んで受け入れなくてはならない。[*7]

だが、実際には、人は、自分が戦場に行かないということを条件にして、戦争に賛成する傾向がある。その証拠のひとつは、ベトナム反戦運動である。ベトナム戦争の当時、アメリカで激しい反戦運動があったことはよく知られている。しかし、ベトナム戦争の最初から、反戦運動が強かったわけではない。井上達夫によれば、反戦運動が急激に盛り上がったのは、戦況の激化により、途中で徴兵制が強化され、多数派である中産階級の子弟が戦場に行く可能性が高まってきた頃からである。彼らも、自分や自分の子どもが戦場に送られることはないときには、ベトナム戦争に賛成していた（少なくとも黙認していた）のである。

繰り返そう。もし徴兵制に反対だとすれば、集団的自衛権への態度は自動的に決まる。徴兵制を拒否する者は、集団的自衛権にも反対しなくてはならない。しかし、私が見るところ、現在、日本で集団的自衛権を支持している者のほとんどが、徴兵制には反対している。だが、それは矛盾である。

3-3　解釈改憲について

集団的自衛権という概念の問題点について指摘してきた。しかし、これを批判するリベラルの方にも弱点がある。

護憲を標榜するリベラルは、解釈改憲を批判してきた。それはまことにもっともな批判である。権力の座にあるものの解釈によって、実質的に改憲できるのならば、法の支配はないに等しい。そして、日本国憲法の第九条が集団的自衛権なるものを認めていないことは、明らかだ。圧倒的多数の憲法学者が言うことは、われわれ専門外の者から見ても、正しいことであると判断できる。

そもそも、自衛権の中に、なぜ、わざわざ個別的自衛権と集団的自衛権の区別が立てられた

＊7　政府与党は、集団的自衛権を導入するにあたって、現代の戦争は高度な専門性を必要とするので、徴兵制はありえない、という趣旨のことを述べている。これについては、二つのことを述べておこう。第一に、ここで私が論じていることは、技術的な理由や情勢的な理由で徴兵制が必要になるかどうか、ということとは関係がない。問題は考え方である。徴兵制がないならば集団的自衛権に賛成だ、という態度は、集団的自衛権の正当性の根拠を否定してしまう、と言っているのである。第二に、私は、この政府の説明を疑っている。実際、現代でも、徴兵制を採用している国はたくさんある。たとえば韓国もそうである。ドイツでさえも、つい最近（2011年）まで徴兵制をもっていた。徴兵制が時代遅れなどということはない。

かを考えてみるとよい。憲法九条があるからだ。憲法九条の範囲で、何らかの自衛権は許容されているとして、では、許されている自衛権とは何か、ということが問題になる。国際紛争の解決手段として武力行使を放棄したとしても、最小限の自衛権はあると考えなくてはならない。では、どのような自衛権の行使であれば、問題ないのか。つまり、国際紛争の解決手段として武力行使したことにならないのか。

ここから、集団的自衛とは区別された個別的自衛という概念が出てくる。もっとも厳しい意味での自衛、自衛としての自衛、つまり個別的自衛であれば、九条の規定に反することはない、というわけである。

＊

集団的自衛権の導入が解釈改憲であって、憲法を尊重する立場からとうてい容認できない。しかし、問題はさらにその先にある。九条は、これ以前に、すでに解釈改憲を許してきてしまった。自衛隊と日米安保条約である。*8 どちらも、九条の規定に、あるいは九条の精神に反していることは明らかである。

しかし、護憲を謳うリベラルも、この二つの解釈改憲を、とりわけ日米安保条約を許容してきた。多くのリベラルは、暗黙のうちに、九条を維持するためにも、米軍の助けを必要だと考えている。だが、世界で最も喧嘩が強い麻生君が私の代わりに戦うのだとしたら、私が戦争を放棄していることにはなるまい。

いずれにせよ、すでに重要な解釈改憲を許してしまっているので、集団的自衛権だけ、「解釈改憲だから受け入れられない」と主張したところで、説得力に欠ける。なぜ、あの解釈改憲はよく、この解釈改憲ならばいけないのか。集団的自衛権を許容する解釈改憲を批判するならば、解釈改憲の一般を拒否しなくてはならなかった。

4 規範と反規範

4-1 サヨク

さて、第2節で見た謎を解くことにしよう。

もちろん、安倍内閣の支持率と大規模なデモとの間には、ある程度の負の相関関係がある。安倍内閣は、集団的自衛権を含む安保関連法を提案し、それを承認させようと努力している。デモは、事実上の改憲に相当するこれらの法に反対している。両者の主張は背反的なのだから、トレードオフの関係にあるのは当然だ。しかし、こうした負の相関関係は十分に強くはない。どうしてなのか？

両者の間に、つまり安倍内閣を支持する集合的な心性と大規模なデモに結実するような護憲

＊8　井上達夫『リベラルのことは嫌いでも、リベラリズムは嫌いにならないでください』毎日新聞出版、2015年。

の集合的な志向性との間に、ひそかな相互依存の関係、互いに互いを支え合うような関係が（も）あるからではないか。主張されていることがらの意味内容の上では背反的だが、別の何らかのメカニズムによって、両者は互いに補強しあっているのではないか。これが、ここで提起しておきたい仮説である。問題は、どんなメカニズムによって両者が相互に依存しあっているのか、である。

国会議事堂前のデモが、集団的自衛権を支持する「右派」からどのように見えていただろうか。デモは、いわゆる「ネトウヨ」に対するところの「サヨク」的な運動として現われていたに違いない。言い換えれば、デモ参加者は、右派の目には、「あいつら、いい子ぶっている」とか「あいつら、どこか欺瞞的だ」とかといった印象を与えていたのではないか。いや、集団的自衛権をあからさまには支持していない者さえもときに、デモに行って熱心に政権や与党を批判している人たちに対して、同じような冷ややかな目を向けていたのではないか。私は今、状況をわかりやすく提示するために、いくぶんか誇張して表現している。いずれにせよ、あえて誇張したとき、デモは、このように見えていたのではないか。（念のために言っておくが、私がデモをそう見た、と言っているのではない。私もデモの中にいたのだから。私たちがそのように見られていたのではないか、と推測しているのである。）　こうした推測を踏まえて、さらに考察を前に進めてみよう。

4-2　規範と反規範

すべての共同体には、規範Nがある。共同体のメンバーたちが、規範Nを受け入れ、それに従うことで、共同体の秩序は維持される。規範Nを、少なくともその中の最も重要ないくつかを受け入れることが、共同体のメンバーとして（他のメンバーたちから）承認されるための条件である、と一般には言われる。規範Nは、まさに規範としての本性に従って、その（普遍的な）妥当性を主張する。つまり、規範Nは、そうすべきである、そうするのが正しいという拘束力を帯びている。

と、ここまでは当たり前のことなのだが、奇妙なことに、ほとんどすべての共同体が、この公式の規範Nをあからさまに蹂躙するような侵犯行為を指令するもう一つの規範ANを有している。この反規範（という規範）ANは非公式で、非明示的である。規範Nと反規範ANとの間には、独特の相互依存の関係がある。この関係こそが、憲法や集団的自衛権をめぐって、日本で起きていることを理解するための手がかりになる。

まず、規範Nと反規範ANが何であるかを、具体例によって解説しておこう。例えば、中学校や高校には、校則がある。これがNにあたる。校則には、これこれの制服を着て学校に来なければならないとか、学校帰りに買い食いをしてはならないとか、喫煙はダメだとか、といったことが規定されている。だが、同時に、生徒たちの間には、こうした校則に違反する裏規範ANがある。生徒たちは、校則の規定に反して崩した「制服」を着たり、放課後にこっそり飲酒をしたりするのだ。重要なことは、こうした校則違反の行為が同時に、生徒たちの間では、もう一つの規範となっていることである。実際、このもう一つの規範ANに反すると、たとえば「酒を飲もう」というときに拒否したりすると、その人は、仲間から虐められるなど、制裁を受けるだろう。

さて、しばしば、次のように勘違いされている。共同体の規範Nと反規範ANは、対立的で、相互に否定し合う関係にある、と。つまり、反規範ANが広く共有され、定着することは、規範Nの存立を脅かす、と思われている。しかし、そうではない。規範Nと反規範ANは相互に互いを必要としており、依存関係にあるのだ。

まず、誰でも知っている次のことに留意しよう。学校では、優等生のような生徒、学級委員長をつとめるような生徒は、しばしば、校則Nを守らなければならない、ということを公言する。「帰宅途中で買い食いするのはいけないと思います」とか、「文化祭の前夜祭でお酒を飲む習慣はやめるべきだと思います」とか、と発言するのだ。こういうことを言う優等生は、他の生徒から、「立派なことを言う」と尊敬されるだろうか。人気が出るだろうか。絶対にそんなことはあるまい。「うざい」と思われるに違いない。つまり、その優等生は、うさんくさい奴だと、むしろ敬遠されたり、忌避されたりするだろう。さらに付け加えれば、校則の遵守を命令しているはずの教師も、ほんとうは、生徒たちが、密かに校則を破っていることを知っている。教師は、反規範ANの浸透を、見て見ぬふりをしているのだ。

規範Nにとって、反規範ANが脅威であるどころか、逆に、規範Nが機能するためには、反規範ANが必要になる。規範Nだけでは、共同体は十分に強い連帯を維持することができないからである。反規範ANによってはじめて、共同体は内的な連帯を確立することができる。たとえば、ここに校則Nが完全に遵守され、誰一人として校則に反することがない学校があったと想像してみよ。つまりANがまったくない学校があったと想像してみよ。このような学校は、すばらしい学校だろうか。生徒たちは学校生活を楽しむだろうか。生徒たちは、互いに仲がよいだろうか。もし、こんな学校があったとしたら、生徒たちの間の関係はギスギスしており、学校生活は味気ないものになるに違いない。ときどき授業をサボったり、部室で隠れて酒を飲んだり、といったことがあるような学校に、生徒たちは強い参加意識をもつ。後になって、「あの頃は楽しかった」と回想するような学校生活は、ANが機能していた場合に限られる。

あるいは、次のようなことを考えてもよい。規範Nに反することを行ったとしても、必ずしも、共同体から排除されることはない。しかし、反規範ANに従うことを拒否すれば、その人は、間違いなく、共同体から排除されるだろう。たとえば、校則の一つや二つ破ったところで、仲間外れにされることはない。しかし、「今日は授業をサボってゲームセンターに行こう」という誘いを断われば、その人は、間違いなく、それ以降、仲間はずれにされるだろう。つまり、共同体の真のメンバーとして認められるかどうかは、規範Nを遵守するかどうかではなく、反規範ANを受け入れるかどうかによって決まるのだ。

反規範ANが強いられるのが、しばしば、共同体への新規加入にかかわる通過儀礼的な場面であるのは、このためである。たとえば高校に入学したり、サークル等に加入したりすると、新生徒主催の新入生歓迎会のようなものが開かれる。このとき、先輩が酒などをもってきて、新入生に言う。「まあ、飲んでみろ」とか。新入生は、こわごわと少しすすると、激しくむせたり、吐き出しそうになったりする。すると、先輩は、「これが大人の味だ」といった、わかったようなことを言うだろう。

つまり規範Nが機能するような結束力の強い共同体を形成するためには、しばしば、反規範ANの助けを必要とする。逆方向の依存関係もある。つまり、反規範ANもまた、規範Nを必要としている。こちらの方は理解が難しくはない。反規範ANの侵犯行為が快楽をもたらすのは、規範Nがあるからである。たとえば、生徒たちは、密かに酒を飲むとき、ゾクゾクするような楽しみを感じるが、それは、彼らが酒を好きだからではない。そうではなく、校則や法律で飲酒が禁止されているからである。もし、そうした禁止規定（N）がなければ、飲酒自体が特段に楽しいことにはならなかっただろう。

この事実が示唆しているのは、規範Nを成り立たせているのと同じ原理が、同時に反規範ANをもたらしている、ということである。イギリスのコメディグループ、モンティ・パイソンの映画『人生狂想曲』（1983年）に次のような場面がある。[*9] 教室で生徒たちが、教師がやってくるのを待っている。生徒たちは退屈そうである。所在なげにイスに座っていたり、あくびをしたり、ぼんやりと周囲を眺めたりしている。突然、教室のドアの近くにいた生徒が叫ぶ。「先生が来るぞ！」と。すると生徒たちは、にわかに元気になり、大騒ぎしたり、紙くずを投げたり、テーブルを揺すぶったりする。教室に教師が入ってきて、言う。「静かにしなさい！」

教師が来ることが知らされてから、生徒たちは騒ぎだす。それらは、まさに、教師の目を盗んでやることとされている侵犯行為である。「それ」の不在によって侵犯行為が意味をもつという意味で、侵犯行為は、言わば否定的に教師の存在に依存しているのだ。もともと教師なるものが存在しなかったら、少年たちのばか騒ぎに何の意味もないし、そこに楽しみもない。存在している教師の視線から逃れようとしているからこそ、これらの行為が活気づくのだ。したがって、こう言うことができる。規範Nに従っている模範的な行為（まじめに勉強する）だけではなく、反規範ANに準拠した侵犯行為（ばか騒ぎ）もともに、教師の視線へと、つまり同じ「第三者の審級」の視線へと差し出されているのだ、と。同一の第三者の審級が、規範Nと反規範ANとをともに支えているのである。

4-3 護憲と集団的自衛権

共同体における規範Nと反規範ANとの関係についてていねいに解説してきたのは、ここに、われわれの謎を解くための鍵があるからだ。大規模なデモ等によって表現されている護憲を志向する行動と集団的自衛権を支持する態度との関係は、規範Nと反規範ANの関係に類比させることができるのではないか。これが、私の仮説である。次のように対応させることができる。

N：護憲
AN：集団的自衛権支持

NとANは、意味内容の上では背反的だが、機能の点では、相互に依存しあい、補強しあう

＊9 Slavoj Žižek, *Trouble in Paradise*, Penguin Books, 2014, p.72 より。

関係にある。Nが活性化すれば、ANも強化される。何万人もが参加する大規模なデモが連日繰り返されるほど、護憲の運動がもりあがっているのに、集団的自衛権を導入しようとする政権への支持率が一向に下がらないのは、このためである。NとANと同じように、両者は依存関係にあるのだ。

このことは、そもそも、どうして、規範Nが、それを蹂躙しているように見える反規範ANによって裏打ちされる、などというスキャンダラスな関係が生ずるのか、ということを問い進めていくと、さらに明らかになるだろう。規範Nが反規範ANを呼び寄せしまうのは、規範Nが公式見解的に標榜しているその（普遍的な）妥当性に疑問が差し向けられているからである。規範Nには欺瞞があるのではないか。規範Nが妥当であるという命題は、虚偽ではないか。要するに、規範Nにどこかうさん臭いところがある。そのような無意識の直観が人々に働いているとき、規範Nは反規範ANによる補完を必要とする。なぜか？

ANは、Nをあからさまに否定している。そのことによって、ANは、「Nの普遍的妥当性は虚偽である」ということの表現になっているのだ。もちろん、ANも、普遍的に妥当な規範ではない。つまり、ANはNに取って代わりうる、より普遍的な規範だというわけではない。ANは、Nに寄生しているだけだ。しかし、それは、「Nの普遍性がほんものではない」ということを表現しており、そのことを隠蔽しているN自体よりは、欺瞞の程度が低いものとして、つまりNよりはましなものとして、受け入れられるのだ。

では、日本の憲法九条と安保関連法の関係はどうなっているだろうか。実のところ、九条護憲の主張はすでに、暗黙のうちに、集団的自衛に近いものを前提にしている。もちろん、それは、日米の軍事同盟（日米安保条約）である。しかし、ほとんどの護憲派はそのことを無視し、あたかもそんなものがないかのように振る舞っている。九条を維持するためには、米軍の駐留が必要だと密かに思いつつ、そのことを黙っているのだ。日米の軍事同盟が、九条の精神を裏切っているからだ。一般の護憲の主張には、だから欺瞞がある。

集団的自衛権の支持とは、この欺瞞を、つまり護憲派が黙って隠していることを、公然と肯定しているだけである、とも言える。これは、共同体における規範Nと反規範ANの関係に等しい。反規範ANは、規範Nが隠蔽しているその限界を、公然と指し示すものだからである。

5　九条を純化する

5－1　マニフェストとしての九条

それならば、われわれはどうすればよいのか。どうすべきなのか。ここまでの考察が、すでに方向を暗示している。九条を欺瞞から解放すること。九条に、真の普遍性を与えること。九条を支持する者でさえも、その価値を十分に自覚していない。私には、そのように見える。九条は、何がよいのか。九条があれば日本は戦争に巻き込まれずにすむ、と言われる。しかし、このような言い方はミスリーディングである。それは、「九条は平和へのただ乗り券だ」と言っているように聞こえるからだ。

憲法は、国民が政府を拘束するために政府に課した命令である。これが憲法の最も重要な機能だが、木村草太によれば、憲法には、他に二つの重要な機能がある。[*10] 第一に、憲法は、国民が自分自身に与える物語である。物語としての憲法によって、国民は自分自身を自覚するのだ。第二に、憲法は最高の外交文書であり、マニフェストである。憲法に含意されている物語を通じて、憲法は、世界に向けて、「われわれはこのような国際秩序を目指している」ということを謳っているのだ。

九条の価値は、憲法が物語であり、そして何より対外的なマニフェストでもある、ということを考慮に入れたときに、真に明らかになる。九条には、非常にラディカルな提案が含意されている。それは、現在の国民国家体制の止揚を、つまり互いに潜在的な敵意を抱く国民国家の集合としてなる世界の止揚を、視野に入れているからだ。

国家は主権をもつ。が、その主権は、それぞれの領土の範囲にしか及ばない。そのため、国家と国家の間の関係は、原理的には無法状態である。もちろん、国際法があるが、それを確実に強制できる、上位の権力は存在しない。それゆえ、国家と国家の間では、いつでも戦争が起こりうる。つまり国家間には潜在的な敵意があるのだ。主権国家が軍隊をもつのは、そのためである。

国際紛争の解決手段としての武力行使の権利を放棄し、軍事力の不保持を謳う九条は、このような状態を――潜在的な敵意を抱きあう主権国家の集合としての世界を――克服すべきだし、また克服しうるということを宣言していることになる。実際、もしすべての国家が憲法九条に相当する原理や法をもっていれば、こうした目標は達成されるだろう。この意味で、九条は、現在の地球社会の最も基本的な前提（のひとつ）に対する大胆な挑戦である。その延長上には、カントの言う「永遠平和」がある。*11

5-2　改憲と護憲

九条を含む憲法に対する態度は、大きく二つある、と考えられている。護憲か、改憲か、である。このたびの集団的自衛権等は、正式の改憲を経ずに導入されたが、しかし、ほとんどの人が理解しているように、事実上の改憲にあたる。つまり、安保関連法への支持は、改憲の流れの方に属している。九条に関しては、改憲は、常に、右への改憲、つまり軍事力の所有や行使をより容易にする方向へと改憲を意味してきた。

この二つに加えて、実は、井上達夫が提案する「九条削除論」がある。井上が結論的に望ましいと見なしている状態は、護憲派のそれとあまり変わらない。が、彼は、九条は削除してしまい、どのような安全保障政策を採用すべきかは、その時々の民主的な立法過程の討議に委ねるべきだ、と主張する。彼が九条を削除すべしとするのは、護憲派にあまりに大きな欺瞞がある

*10　私との対談での木村草太の発言から。大澤真幸・木村草太『憲法の条件』NHK出版、2015年。
*11　柄谷行人『世界史の構造』岩波書店、2010年、第4部第2章。
*12　井上、前掲書。他に以下を参照。「削除して自己欺瞞を乗り越えよ」『論座』2005年6月。「あえて、9条削除論」朝日新聞、2013年10月26日。『世界正義論』筑摩書房、2012年。

るからだ。*12

私は、すぐ後に述べるように、九条削除論には反対である。しかし、その前提として井上が提起している議論や彼の正義論は、非常に深く重要だと考えている。ここでは検討する余裕がないが、護憲派も改憲派も、井上が提起している問題に答える必要がある。

ここでは、九条削除論に賛成できない理由だけを述べておこう。それは、九条が、日本が敗戦によって学んだ最も重要なこと、敗戦の教訓の象徴だからである。護憲派にせよ、改憲派にせよ、ここまで論じてきたように、十分に徹底して思考し尽くしていない原因は、第1節で述べたように、日本人が、「敗戦」の事実を遡及的に無効化したことにある。九条は、占領期間中に制定された憲法の中にあるにせよ、日本人が戦後ずっとこれをあえて保持してきたことは、敗戦からの教訓のほとんど唯一の痕跡である。もし、九条を削除してしまえば、日本人はますます完全に、敗戦の事実を無効化してしまうだろう。つまり、敗戦から何も得なかったことになってしまうだろう。

とすれば、われわれは九条を保持する必要がある。だが、私は、改憲してもよいとも思っている。ただし、それは、いわゆる改憲派が考えている改憲とは違う。逆方向への改憲、九条の精神を純化するための改憲である。現状の九条は、繰り返された「解釈(改釈)」によって、あまりにも大きな傷を負っている。つまり、どうとでも解釈できる空文となりつつある。弾力的に過ぎる解釈が不可能なように、あらためてここで、新九条を選び直してもよいのではないか。そのようにも考えている。

5-3 積極的中立主義

九条を維持するにせよ、純化するかたちで改正するにせよ、私としては、日本の安全保障政策に対してひとつの提案がある。それを、私は、「積極的中立主義」と呼んでいる。積極的中立主義は、現政権が唱える「積極的平和主義」と字面の上では似ているが、内容的にはまったく違う。というか正反対の意味である。*13

積極的中立主義とは次のような趣旨の政策をさす。たとえば、今、A国とB国とが紛争状態にあるとしよう。AとBが争うのならばどちらにも加担しないということを、一般には、中立と呼ぶわけだが、ここでは、これを(両方から身を引いているという意味で)消極的中立と呼ぶことにしよう。積極的中立主義とは、逆に、AとBが争っているとき、どちらも援助しよう、どちらも助けようという思想である。ただし、援助は、非軍事的なものに限られる。私は、これを広義の贈与、対立するAとBの両方への贈与と解釈する。

AとBが、たとえば戦争しているとしよう。そのとき、AとBの両方に、甚大な被害が出ているはずだ。多くの死傷者が出ているだろうし、また、さまざまな施設やインフラが破壊されているかもしれない。食糧や薬などの物資が不足しているかもしれない。このとき、どちらか一方ではなく、両方に対して非軍事的に支援すること、これが積極的中立というアイデアである。

---

*13 以下も参照。大澤真幸『逆接の民主主義』角川ワンテーマ21、2008年。

ついでに述べておけば、われわれは、普通の中立、つまり消極的な中立の立場をとるとき、喧嘩しているAとBの両方から憎まれずにすむ、と思いがちだが、そうではない。個人的な体験をふりかえってみれば、すぐにわかる。あなたがだれかCさんと不仲で、長い喧嘩の状態にあるとしよう。このことを、あなたは、Nに相談する。すると、Nは、「私はあなたの味方でも、Cの味方でもない。だからどちらも応援しない」と答えたとする。あなたは、Cだけではなく、Nをも憎むようになるだろう。

さて、積極的中立主義を採用する場合に、支援が「非軍事的」ということの他にも、いくつかの重要な条件が付く。まず、AとBが争っているとき、日本としては、どちらかに味方した方が得策だと思えるときもあるだろう。あるいは、かかげているイデオロギーに関して、どちらかの方に共感を覚えるとか、どちらかに賛成だということもあろう。このようなときでも、日本としては、損得やイデオロギー的な差異を超えて、両方を支援しなくてはならない。得する相手、賛成できる相手だけを支援することは、たとえ非軍事的な援助でも、戦争に間接的に参加することを意味している。真に中立でありうる唯一の方法は、両方を支援することである。

もうひとつ重要な条件は、支援するときには、支援相手の同意を必要とする、ということである。さもなければ、それは、「善意」のものであっても、相手の主権の侵害にあたる。とはいえ、日本が申し出る援助は、繰り返し述べてきたように、非軍事的なものである。たとえば、負傷者の救出とか、破壊された施設の建て直しとか、食糧の供給等である。困っているときに、こうした援助をわざわざ断わる国は、よほど邪悪な国、国際社会に隠したいよほどの秘密を有する国に限られる。そのような国が、日本の援助の申し出を断わったときには、日本としては（とりあえずは）諦めよう。

私は、自衛隊を発展的に解消し、積極的中立を実現するための組織Ｍへ再編することを提案したい。自衛隊は、現在でも、ＰＫＯの活動に従事したりしているのだから、その能力を拡張していけば、Ｍへと再編することは十分に可能なはずだ。自衛隊（志願者）だけでは足りない場合には、徴兵制に類する（公平な）徴集のシステムが必要か、民主的な討議に付すべき主題になるだろう。

戦闘地域でも援助をすべきだろうか。もちろん、組織Ｍは戦闘地域でも活動しなくてはならない。これまでの自衛隊が、戦闘地域に行くことができなかったのは、自衛隊が戦闘する陣営のどちらか一方に加担しており、しかも、実際は軍隊だからだ。そのような集団が戦闘地域に行けば、戦闘に参加することになるのは必定である。Ｍは軍隊ではなく、どちらかの陣営だけを応援しているわけでもない。それは、赤十字のようなものに近い。戦闘地域での活動は危険ではあるが、しかし、Ｍ自体が、そこで、戦闘のプレーヤーになることはないだろう。

5-4 良心的兵役拒否

積極的中立主義は、徴兵に対する良心的兵役拒否のアイデアの応用であるとも解釈できる。この点を説明しておきたい。

そのためには、まずは次の事実を明視しておく必要がある。このたび日本が集団的自衛権を法制化したことは、国際的には歓迎されているということ。日本が集団的自衛権をもったことを嫌がる国もあれば、喜ぶ国もあるが、後者の方が多い。この事実は知っておく必要がある。なぜ、日本の集団的自衛権が歓迎されているのか。これまで、日本は、世界の平和にただ乗りしていると見なされていたからである。つまり、これからは、日本も、武力行使によって、「平和」という列車の乗車賃を支払うことになる、と見なされているのだ。やっと、日本も料金を払ってくれるよ、というわけだ。

こうした状況を考慮すれば、次のように想定することができる。国際社会は、あるいは少なくとも日本の同盟国・友好国は、日本の軍事力を徴集しようとしていたのだ、と。つまり、日本に対する、「徴兵」的な要請があるのだ、と。

ところで、徴兵制を施行している国の中には、良心的兵役拒否の権利を認めているところがある。良心的兵役拒否の権利とは、絶対的な平和を正義の不可欠の条件と見なしている人に、その価値観にもとづいて兵役を拒否することを許すことだ。たとえば、2011年まで徴兵制をもっていたドイツは、そのような権利を制度化していた。日本も、憲法九条をもとに、良心的に兵役を拒否すればよい。

ただし、良心的兵役拒否権を認めるときには、その権利を行使した者には、必ず、代替的な役務が課せられる。さもなければ、拒否権が濫用され、単なる兵役逃れに活用されてしまうからだ。代替的役務は、兵役そのものと同じくらいリスクが大きく、骨の折れることでなくてはならない。災害被災地での救助活動とか、非武装の看護兵とかが、代替的役務として考えられる。これらは、兵役と同じくらい困難で、命の危険にさらされもするが、これらを引き受ければ、自分の良心に反して、自分が「悪」と見なしていること（戦争）に参加する精神的な苦痛からは解放される。

日本も、良心的に兵役を拒否し、自らすすんで、代替的役務を引き受けるのだ。その代替的役務が、前項で述べた、積極的中立主義に基づく活動である。

5-5 難民の歓待

積極的中立主義に基づく活動として、比較的すぐにできること、しかもきわめて緊急性の高いことがある。最後にこの点を述べておこう。それは難民の受け入れである。戦争は多くの難民を生み出す。難民の受け入れは、積極的中立主義に基づく非軍事的援助の中でも、最も重要なことのひとつである。

日本は難民の受入数が極端に少ない。ほとんどゼロと言ってもよいくらいだ。日本人は、難民の受け入れを、かなり弱い「不完全義務」と見なしている。いや、不完全義務にすらならない、と考えている。「完全義務／不完全義務」は、倫理学の用語である。完全義務とは、やらなければならないこと、不完全義務とは、やった方が望ましいが、しなかったからといって悪いとはされないことである。納税は完全義務だが、寄付は不完全義務である。

難民の受け入れはどちらなのか。私は、完全義務だと考える。次のような状況を考えるとよい。あなたが今、何らかの用事があって急いでいる、としよう。会社に遅刻しそうだとか、デートの待ち合わせ時刻に間に合わないとかの理由で、である。このとき、あなたが歩む道のすぐ脇に、放置しておけば死んでしまうのではないかと思われるほどに苦しんでいる人がいて、あなたに助けを求めているとしよう。あなたは、その人を助けるべきか。それとも、会社に遅れてしまうから（恋人にしかられるから）等の理由で、無視してもよいのか。多くの不都合があっても、あなたはそのかわいそうな人を助けるべきではないだろうか。その人こそが、難民である。

日本を目指す難民、日本に住みたい難民はほとんどいない、と言われるかもしれない。確かにその通りである。しかし、それは、日本が難民を受け入れてこなかったからである。日本が難民を受け入れるようになれば、それを歓迎する者はたくさんいるはずだ。

そもそも、難民に、「そこに行きたい」と言われないことは、恥ずべきことだと考えた方がよい。たとえば、現在、多くの難民がドイツを目指す。これは、驚くべきことではないだろうか。なぜなら、ナチス・ドイツが、かつて何百万人ものユダヤ人を虐殺したからである。しかし、現在の難民は、ドイツで虐殺されるかもしれない、などという恐れを微塵ももっていない。ドイツ人は善く変化して、ナチスがいたときとはまったく違うということを、難民たちが、そして世界中のすべての人々が認めているのである。その意味で、ドイツは、第二次大戦の頃の罪を払拭した。

難民たちが、ドイツなり、その他の国なりを目指してやってくるとき、そこには、多分に幻想がある。実際に、生活を始めれば、幻滅することも多いだろう。だが、ユートピア的な幻想の投影先になるということは、なお誇ってもよいことではある。日本人は、「おもてなし」が得意だと自慢している。それならば、まずは難民の歓待から始めるべきだ。

大澤真幸＝1958年生まれ。社会学。個人思想誌「THINKING「O」」主宰。『ナショナリズムの由来』で毎日出版文化賞を受賞。『自由という牢獄』で河合隼雄学芸賞を受賞。ほかの著書に世界史の謎を読み解いた『〈世界史〉の哲学』「古代篇」「中世篇」「東洋篇」「イスラーム篇」のほか、『不可能性の時代』『〈自由〉の条件』『社会は絶えず夢を見ている』『夢より深い覚醒へ』『思考術』『〈問い〉の読書術』など。共著に『ふしぎなキリスト教』『おどろきの中国』『二千年紀の社会と思想』『憲法の条件』など。

大澤真幸 THINKING オー 013

日本人が70年間一度も考えなかったこと

戦争と正義

二〇一五年一一月三〇日　第一刷発行

著者　大澤真幸
　　　姜尚中

発行者　小柳学
発行所　左右社
〒一五〇-〇〇〇二東京都渋谷区渋谷二-七-六-五〇二
TEL 〇三-三四八六-六五八三　FAX 〇三-三四八六-六五八四
http://www.sayusha.com
装幀　松田行正＋杉本聖士
印刷　中央精版印刷株式会社

Printed in Japan. ISBN978-4-86528-131-6

大澤真幸 THINKING「O」既刊

第1期全10号

すべて定価　本体一〇〇〇円＋税

創刊号

連帯のあたらしいかたち〈ランダムな線〉

真理は地下水みたいなもの

〈子なるイエス・キリスト〉のように

2010.4

対談・中村哲

大澤真幸

創刊2号

民主党よ、政権交代に託した夢を手放すな

平和のための部隊を

政治的決断が待たれている

政権交代は笑劇か

2010.5

対談・姜尚中

対談・小木郁夫

大澤真幸

第3号

民主革命としての裁判員制度

これは民主化なんだ

麻原彰晃にすらも恨みを持たない

償いの(不)可能性

2010.6

対談・四宮啓

対談・河野義行

大澤真幸

第4号

もうひとつの『1Q84』

〈虚構の時代〉における／を越える村上春樹

日本の虚構と『1Q84』の存在感

2010.7

大澤真幸

対談・辻井喬

第5号

脳はひとつの〈社会〉である

脳には独立した多数のエージェントがいる

脳研究における社会学的転回

対談・茂木健一郎

大澤真幸

2010.8

第6号

生きることを哲学する

哲学の復権

サッカーの(非)人間学

対談・鷲田清一

大澤真幸

2010.9

第7号

「人生という物語」の呪縛から逃れて

欠損してゆく愛を取り返してくれるもの

死刑をゼロから考える

八日目の神(の不在)

対談・角田光代

対談・森達也

大澤真幸

2010.10

第8号

「正義」について論じます

正義は可能か?

二つのミメーシス　宮台真司の論を手がかりにして

対談・宮台真司

大澤真幸

2010.11

大澤真幸 THINKING「O」既刊　第2期刊行中

011
やっぱりふしぎなキリスト教
定価　本体二三〇〇円＋税　2012.12

近代社会のなかのふしぎなキリスト教　対談・橋爪大三郎

シンポジウム1　一神教とは何か?　大貫隆・高橋源一郎・橋爪大三郎・大澤真幸

シンポジウム2　グローバリゼーションのなかで　大貫隆・高橋源一郎・橋爪大三郎・大澤真幸

「世界史」から〈世界史〉へ　大澤真幸

連載　**論文の技法3**　人生の主題と学問の課題　大澤真幸

012
ピケティ『21世紀の資本』を越えて
超入門から資本主義新論へ
定価　本体二二〇〇円＋税　2015.6

入門　『21世紀の資本』超早わかり　大澤真幸

r>g の本当とその先を話します　対談・小野善康

格差の原因はそれではない!　大澤真幸

別冊

3・11後の思想家25

- 3・11後に思想家を読む　夢よりも深い覚醒のために　大澤真幸
- ジャン＝ジャック・ルソー　「市民」であるとはどういうことか？　上野大樹
- イマヌエル・カント　「小さきもの」の定言命法　蓮尾浩之
- ウラジーミル・イリイチ・レーニン　電気の誕生とカーニヴァル　今田勝規
- マルセル・モース　挑戦としての贈与　倉島哲
- 九鬼周造　偶然性の哲学　小倉敏彦
- マルティン・ハイデガー　地球に人殺しではなく詩人として住むために　和田伸一郎
- ギュンター・アンデルス　「時代おくれの人間」として在ることとは　加藤裕治
- ハンス・ヨナス　震災以後の社会で果たすべき「責任」とは　蓮尾浩之
- ハンナ・アーレント　政治と生命／生活の再定義にむけて　高谷幸
- レイチェル・カーソン　「べつの道」の可能性　木村純
- ジョン・ロールズ　正義論の「救済」　西川純司
- ニクラス・ルーマン　「経験主義」のラディカリズム　北田暁大
- 網野善彦　「無縁」の否定を超えて　中森弘樹
- バーナード・ウィリアムズ　道徳における運　吉川浩満
- チャールズ・テイラー　世俗社会の苦難を直視する　橋本努
- 見田宗介　〈三代目〉の社会へ　大澤真幸
- 高木仁三郎　3・11を予言した市民科学者の両義性　武田徹

定価　本体二五〇〇円＋税
2012.1

ジャン＝ピエール・デュピュイ　灰をかぶったノアに人々は協力する　大澤真幸

柄谷行人『世界史の構造』——3・11後の思想的射程　高澤秀次

今村仁司　贈与と負い目の哲学　山田登世子

ジョルジュ・アガンベン　新たな例外状態と「剥き出しの生」　鵜飼大介

ウルリッヒ・ベック　リスク社会と福島原発事故後の希望　柴田悠

ティム・インゴルド　「生きていること」から始める　柳澤田実

汪暉　「アジア想像」の時代へ　丸川哲史

レベッカ・ソルニット　ユートピアの可能性　菊池哲彦